BIBLIOTHÈQUE NATIONALE

ALFIERI

De la Tyrannie

PARIS

Librairie de la BIBLIOTHÈQUE NATIONALE

E. PFLUGER, Éditeur

Passage Montesquieu, 5, rue Montesquieu

PRÈS LE PALAIS-ROYAL

Le Volume broché, 25 c. Franco partout, 35 c.

CHEZ TOUS LES LIBRAIRES

Et dans les Gares de Chemins de Fer

VICTOR ALFIERI

DE

LA TYRANNIE

(TRADUCTION DE L'ITALIEN)

Impune quælibet facere, id est regem esse.

(SALLUSTE, *Guerre de Jugurtha*, chap. XXXI.)

PARIS

LIBRAIRIE DE LA BIBLIOTHÈQUE NATIONALE

PASSAGE MONTESQUIEU (RUE MONTESQUIEU)

Près le Palais-Royal

1897

TABLE DES MATIÈRES

A LA LIBERTÉ

La plupart des livres sont dédiés aux puissants, dans l'espérance d'en obtenir crédit, protection ou même récompense : tes brillantes étincelles, ô divine Liberté, ne sont pas éteintes dans tous les cœurs ! Quelques auteurs modernes, de temps en temps, nous découvrent, dans leurs écrits, quelques-uns de tes droits les plus sacrés et les plus violés ; mais ces livres aux auteurs desquels il ne manque que la courageuse volonté d'exposer de grandes vérités, portent souvent à leurs premières pages le nom d'un prince, de quelqu'un de ses satellites, et presque toujours celui d'un de tes plus cruels ennemis nés. On ne doit donc pas s'étonner si tu as dédaigné jusqu'à présent de jeter un regard favorable sur les peuples modernes, et si tu as refusé de faire germer dans ces livres déshonorés par de tels protecteurs, ce petit nombre de vérités enveloppées par la crainte dans des termes obscurs et équivoques, ou étouffés par l'adulation.

Mais moi qui ne veux point suivre de pareils modèles, moi qui ne me vois forcé de prendre la plume que parce que le temps malheureux dans lequel je vis, me défend d'agir ; moi qui voudrais dans une pressante nécessité la jeter loin de moi, pour prendre l'épée sous tes nobles étendards ; ô Liberté ! c'est à toi que j'ose dédier cet ouvrage. Je ne prétends pas y faire un étalage pompeux d'éloquence, je le voudrais peut-être en vain, encore moins une dépense fastueuse d'érudition, que je n'ai pas ; mais j'essayerai de tracer avec méthode, précision, simplicité et clarté, les pensées dont je suis rempli ; de développer ces vérités que les seules lumières de la raison m'indiquent et me dévoilent; de mettre au jour enfin ces désirs généreux nés dans les premières années de ma jeunesse, et que j'ai renfermés dans mon cœur brûlant.

Quoique ce livre, tel qu'il est, ait été conçu avant tout autre, et écrit dans ma jeunesse, cependant j'ai l'espérance, après l'avoir retouché dans un âge plus avancé, de le publier comme le dernier de mes ouvrages; et s'il ne me restait plus dans ce temps-là le courage, ou pour mieux dire, le feu nécessaire pour le penser, il me restera néanmoins assez d'esprit d'indépendance et de jugement pour l'approuver et pour mettre fin par lui à toutes mes productions littéraires

TRADUCTION DU SONNET ITALIEN QUI EST A LA TÊTE DE L'OUVRAGE.

———

On entendra plusieurs méchants dire (car il est si facile de le dire aux sots surtout), que je n'écris que sur les tyrans, et toujours d'un style très amer. On dira que ma plume sanglante et trempée dans le fiel, ne touche jamais qu'une seule corde et très ennuyeusement ; qu'élle ne porte personne à rompre les chaînes de son esclavage ; mais qu'au contraire, ma muse rechignée, excite à rire.

Tout cela ne pourra jamais me détourner du but sublime auquel visent mon esprit et mon talent, tout faibles qu'ils sont, et insuffisants pour une si grande besogne.

Mes paroles ne seront pas perdues si après nous peuvent renaître des hommes qui regardent la liberté comme une partie essentielle de la vie.

DE LA TYRANNIE

LIVRE PREMIER

—

CHAPITRE PREMIER

Ce que c'est qu'un tyran.

Vouloir définir les choses par les noms serait croire ou prétendre qu'elles sont aussi inaltérables ou aussi durables que les noms eux-mêmes, ce qui évidemment n'a jamais existé. Celui donc qui aime la vérité, doit, avant toutes choses, définir les noms par les choses qu'ils représentent; et ces choses variant dans tous les temps et, dans tous les pays, aucune définition ne peut rester plus stable qu'elles; mais une définition sera juste toutes les fois qu'elle représentera la chose telle qu'elle était sous *tel nom*, dans *tels temps* et dans *tels lieux*. En admettant ce petit préambule, j'avais conçu une définition suffisamment exacte et précise du *tyran*, que j'avais placée au commencement de ce chapitre; mais dans un autre livre écrit après, et imprimé avant celui-ci, ayant eu besoin de définir le prince, il m'est arrivé, sans m'en apercevoir, de me servir de la définition du tyran; ainsi, pour ne point me répéter, je la passerai sous silence en partie, et je n'y ajouterai que les particularités absolument nécessaires au sujet que je traite maintenant, et qui est tout à fait différent de celui du *prince* et des *lettres*, quoique également dirigé au but très utile de chercher la vérité et de l'écrire.

Les Grecs (ces hommes véritablement hommes) donnaient le nom de *tyrans* à ceux que nous appelons *rois*, et les anciens flétrissaient indistinctement du nom de *rois* ou de *tyrans*, tous ceux qui obtenaient, sans réserve, les rênes du gouvernement, par la force ou par la ruse, par la volonté même du peuple ou des puissants, et qui se croyaient et étaient en effet au-dessus des lois.

Un tel nom avec le temps devint exécrable; il devait l'être par sa nature; et de là nous voyons aujourd'hui que les princes qui exercent la tyrannie s'offensent hautement d'être appelés tyrans. Une telle confusion de noms et d'idées a mis entre nous et les anciens une telle différence d'opinion, qu'à leurs yeux un *Titus*, un *Trajan*, ou quelqu'autre prince, encore plus rare par sa bonté, aurait pu être traité par eux de tyran, tandis que parmi nous un *Néron*, un *Tibère*, un *Philippe II*, un *Henri VIII*, ou tout autre monstre moderne, capable d'égaler les anciens, pourrait être appelé *prince légitime ou roi :* tel est l'aveuglement du vulgaire ignorant, porté dans ce siècle à un tel degré, qu'il se laisse facilement tromper par de simples noms ; que sous un autre titre, il met son bonheur à avoir des tyrans, tandis qu'il déplore le malheur des anciens peuples qui les souffraient.

Chez les nations modernes on ne donne donc le nom de *tyran* (et encore tout bas et en tremblant) qu'à ces princes seulement qui, sans aucune formalité, ravissent à leurs sujets, *la vie, les biens et l'honneur.*

On appelle, au contraire, *rois et princes,* ceux qui pouvant disposer de toutes les choses à leur fantaisie, les laissent néanmoins à leurs sujets, ou ne les ravissent que sous un voile apparent de justice : on les décore même alors du titre de cléments et de justes, parce que, pouvant avec impunité se rendre maîtres de toutes choses, il semble que l'on reçoive d'eux comme un don tout ce qu'ils ne veulent pas nous ravir.

Mais la nature même des choses offre à celui qui médite, une distinction plus exacte et plus précise. Puisque le nom de *tyran* est le plus odieux de tous les noms, on ne doit le donner qu'à ceux des princes ou des simples citoyens qui ont acquis, n'importe comment, la faculté illimitée de nuire ; et quand même ils n'en abuseraient pas, le fardeau qu'ils se sont imposé est tellement absurde et contraire à la nature, qu'on ne saurait en inspirer trop d'horreur, en leur donnant un nom si odieux et si infâme.

Le nom de *roi*, au contraire, étant de quelques degrés moins exécrable que celui de *tyran*, devrait être donné à celui qui, soumis lui-même aux lois, et beaucoup moins puissant qu'elles, n'est dans une société que le premier, le légitime et le seul exécuteur impartial des lois établies.

Si cette distinction simple et nécessaire était universellement reconnue en Europe, elle y ferait luire la première aurore de la liberté, prête à éclairer le monde.

Il est reconnu qu'aucune institution humaine n'étant permanente ni stable, il arrive (comme le dirent tant de sages), que la liberté prenant le caractère de la licence, à la fin elle dégénère en esclavage ; ainsi le gouvernement d'un seul marchant toujours vers la *tyrannie*, il devrait à son tour se régénérer en liberté.

Maintenant, si je jette mes regards sur toute l'Europe, je n'aperçois, dans presque toutes ses contrées que des figures d'esclaves; et si, comme il est prouvé que l'oppression générale ne peut plus s'accroître, quoique la roue toujours mobile des choses humaines paraisse s'arrêter en faveur des tyrans, les hommes sages doivent croire et espérer que l'événement inévitable qui doit substituer à la servitude universelle une liberté presque universelle n'est pas désormais fort éloigné.

Chapitre Deuxième

—

Ce que c'est que la tyrannie.

On doit donner indistinctement le nom de tyrannie à toute espèce de gouvernement dans lequel celui qui est chargé de l'exécution des lois peut *les faire, les détruire, les violer, les interpréter, les empêcher, les suspendre, ou même seulement les éluder avec assurance d'impunité*. Que ce violateur des lois soit héréditaire ou électif, usurpateur ou légitime, bon ou méchant, *un* ou *plusieurs;* quiconque, enfin, a une force effective capable de lui donner ce pouvoir est *tyran;* toute société qui l'admet est sous la tyrannie, tout peuple qui le souffre est esclave.

Et réciproquement, on doit appeler tyrannie le gouvernement dans lequel celui qui est préposé à la création des lois peut lui-même les faire exécuter; et il est bon de faire remarquer ici que les lois, c'est-à-dire le pacte social solennel, égal pour tous, ne doit être que le produit de la volonté de la majorité, recueillie par la voix des légitimes élus du peuple.

Si donc ces élus, chargés de réduire en lois la volonté de la majorité, peuvent eux-mêmes, à leur caprice, les faire exécuter, ils deviennent tyrans, puisqu'il dépend d'eux de les interpréter, de les abroger, de les changer et de les exécuter mal ou point du tout.

Il est bon d'observer encore que la différence entre la tyrannie et un gouvernement juste ne consiste pas, comme quelques-uns l'ont prétendu, ou par stupidité ou à dessein, à ce qu'il n'y ait pas de lois établies, mais bien à ce que celui qui est chargé de les exécuter ne puisse, en aucune manière, se refuser à les exécuter.

Le gouvernement est donc *tyrannique*, non-seulement lorsque celui qui exécute les lois les fait, ou celui qui les fait les exécute, mais il y a parfaite tyrannie dans tout gouvernement où celui qui est préposé à l'exécution des lois ne rend jamais compte de leur exécution à celui qui les a créées.

Mais il y a tant d'espèces de tyrannies qui, sous des noms différents, produisent les mêmes effets, que je ne veux pas entreprendre de les distinguer, et beaucoup moins encore d'établir la différence qui existe entre elles et tant d'autres gouvernements justes et modérés; ces distinctions étant connues de tout le monde.

Je ne prononcerai pas non plus sur la question très problématique de savoir si la tyrannie de plusieurs est plus supportable que celle d'un seul; je la laisserai de côté pour ce moment : né et élevé sous la tyrannie d'un seul, plus commune en Europe, j'en parlerai plus volontiers, plus savamment, et peut-être avec plus d'utilité pour mes *coesclaves*. J'observerai seulement, en passant, que la tyrannie de plusieurs, quoique plus durable par sa nature, ainsi que Venise nous le prouve, paraît cependant à ceux sur qui elle pèse moins dure et moins terrible que celle d'un seul ; j'attribue la cause de cette différence à la nature même de l'homme. La haine qu'il porte à plusieurs tyrans perd sa force en se divisant sur chacun d'eux ; la crainte qu'il éprouve de plusieurs n'égale jamais celle qu'il peut avoir à la fois d'un seul, et enfin plusieurs tyrans peuvent bien être continuellement injustes et oppresseurs de l'universalité de leurs sujets ; mais, jamais, par un léger caprice, ils ne seront les persécuteurs des simples individus. Dans ces gouvernements que la corruption des temps, le changement des noms et le renversement des idées, ont fait appeler *républiques*, le peuple, non moins esclave que sous la *mono-tyrannie*, jouit cependant d'une certaine apparence de liberté : il ose en proférer le nom sans délit ; et il est malheureusement trop vrai que, lorsque le peuple est corrompu, ignorant et esclave, il se contente facilement de la seule apparence.

Mais, pour revenir à la tyrannie d'un seul, je dis qu'il y en a de plusieurs espèces ; elle peut être héréditaire et élective. Nous avons parmi les tyrannies de cette seconde espèce les États du pape et plusieurs des États ecclésiastiques. Le peuple, sous de tels gouvernements, parvenu au dernier degré de stupidité politique, voit de temps en temps, par la mort du tyran célibataire, retomber dans ses mains sa propre liberté, qu'il ne sait ni connaître, ni apercevoir ; il se la voit bientôt reprendre par un petit nombre d'électeurs, qui lui donnent bientôt un autre tyran qui a le plus souvent toutes les vues des tyrans héréditaires, sans avoir la force effective pour forcer ses sujets à le supporter. Je ne parlerai pas davantage de cette espèce de tyrannie qui ne frappe que quelques hommes entièrement indignes par leur lâcheté de porter un tel nom.

Je parlerai donc désormais de cette tyrannie héréditaire qui, depuis plusieurs siècles, est plus ou moins enracinée sur différentes parties du globe ; elle n'a jamais été attaquée que rarement et éphémèrement par la liberté qui cherchait à s'élever ; et souvent même cette tyrannie n'a été altérée ou détruite que pour faire place à une autre tyrannie ; et dans cette classe je mettrai tous les royaumes de l'Europe, en en exceptant seulement, jusqu'à présent, celui d'Angleterre. Je voudrais aussi en excepter celui de Pologne, si quelques-unes de ses parties, se sauvant du démembrement général, et persistant cependant à vouloir conserver des esclaves et à s'appeler république, les nobles alors devenaient esclaves, et le peuple libre.

L'ignorance, la flatterie et la crainte ont donné et donnent encore au gouvernement tyrannique le doux nom de monarchie. Pour en démontrer l'incohérence, il suffit, je crois, de donner la simple définition de ce nom ; si le mot monarchie veut dire l'autorité exclusive et prépondérante d'un seul, monarchie alors est synonyme de tyrannie ; si, au contraire, monarchie veut dire l'autorité d'un seul, restreinte par les lois, ces lois, pour pouvoir

arrêter l'autorité et la force, doivent avoir nécessairement aussi une force et une autorité
effectives égales au moins à celles du monarque ; et aussitôt qu'il y a dans un gouvernement deux forces et deux autorités qui se
balancent mutuellement, il est clair que ce
gouvernement cesse à l'instant d'être une
monarchie. Ce mot grec ne signifie autre
chose enfin que gouvernement et autorité
d'un seul avec des lois, et *avec des lois*, parce
qu'aucune société n'existe sans lois, telles
quelles ; mais on entend alors aussi autorité
d'un seul, au-dessus de ces lois, parce qu'il
n'y a pas de monarque où il existe une autorité plus grande ou égale à la sienne.

A présent, je demande en quoi diffèrent le
gouvernement et l'autorité d'un seul dans la
tyrannie du gouvernement, et de l'autorité
d'un seul dans la monarchie ? On me répond,
dans l'abus ; je réplique : et qui peut empêcher cet abus ? On ajoute *les lois ;* je reprends :
ces lois ont-elles une force et une autorite
par elles-mêmes, tout à fait indépendantes de
celle du prince ? Tout le monde se tait à cette
objection. Donc à l'autorité d'un seul puissant
et armé se joint l'autorité de ces lois préten-
dues, fussent-elles même d'une source divine ;
toutes les fois qu'elles ne seront pas d'accord
avec lui, que feront-elles ? Ne sont-elles pas
impuissantes contre *la* force et *la* puissance
absolue ? Elles succomberont, et en effet,
nous les voyons journellement succomber ;
mais si une force légitime et effective est in-
troduite dans l'Etat pour créer, défendre et
maintenir les lois, il est évident qu'un tel gou-

vernement ne sera plus une monarchie, puisque, pour faire ou abroger les lois, l'autorité d'un seul ne sera plus suffisante ; c'est pourquoi le titre de monarchie, quoique synonyme parfait de tyrannie, n'étant pas aussi exécré jusqu'à présent, il n'est donné à nos gouvernements que pour assurer les princes dans leur domination absolue, et tromper les peuples en les laissant, ou en les faisant douter de leur esclavage absolu.

On trouve continuellement la preuve de ce que j'avance ici dans l'opinion même des rois modernes. Tandis qu'ils se glorifient du titre de monarque, ils montrent la plus grande aversion pour celui de *tyran ;* mais en même temps ils regardent comme bien au-dessous d'eux le petit nombre de rois ou de princes qui, ayant des bornes insurmontables à leur pouvoir, partagent l'autorité avec les lois.

Ces rois absolus savent donc très bien qu'il n'y a pas la moindre différence entre *tyrannie* et *monarchie.* Pourquoi les peuples qui en font continuellement la triste expérience ne le savent-ils pas aussi bien qu'eux ? Mais les princes européens, qui chérissent le pouvoir des tyrans, se contentent seulement du modeste titre de monarque. Les peuples, au contraire, dépouillés, avilis et opprimés par la monarchie, ne savent que stupidement abhorrer le nom de tyrannie.

Mais le petit nombre d'hommes qui ne sont ni rois ni esclaves lorsqu'ils ne méprisent pas également tous les princes, monarques ou tyrans, ou même les princes dont le pouvoir est limité, comme perpétuellement inclinés à le devenir ; ce petit nombre de penseurs profonds, dis-je, sait très bien quelle différence il y a entre la dignité plus importante, plus glorieuse et plus préférable, de présider sous l'égide des *lois* au gouvernement d'un peuple libre, et celle de conduire au gré de ses caprices un vil troupeau de bétail.

J'abandonnerai donc toute preuve ultérieure comme non nécessaire à démontrer qu'une monarchie limitée ne peut exister sans que la monarchie cesse immédiatement, et que toute monarchie qui n'est pas limitée, est une véritable tyrannie, alors même que la monarchie, n'abusant pas pour quelque temps de son pouvoir de nuire, ne se conduit pas en tyran. Je passerai ces preuves sous silence pour le seul désir d'être laconique, et parce que je crois parler à des lecteurs qui n'ont pas besoin qu'on leur dise tout.

Je vais essayer d'analyser la nature de la mono-tyrannie, et par quels moyens elle a su si bien s'enraciner dans l'Europe, qu'elle y paraît désormais inexpugnable.

CHAPITRE TROISIEME

—

De la peur.

Les Romains, ce peuple libre, auquel nous ne ressemblons en rien comme connaisseurs profonds du cœur de l'homme, avaient élevé un temple à la Peur ; ils avaient donné des prêtres à cette déesse, et ils lui sacrifiaient des victimes. La cour des rois me semble une vive image de ce culte antique, quoique destiné à un objet tout différent. Le palais des rois est le temple, le tyran est l'idole, les courtisans sont les prêtres ; la liberté, les mœurs pures, l'amour de la justice, la vertu, le véritable honneur et nous-mêmes, voilà les victimes qui tous les jours y sont immolées.

Le savant Montesquieu dit que l'honneur est le principe et le ressort de la monarchie. Ne connaissant pas cette monarchie idéale, je dis, moi, et j'espère prouver, que le principe et le ressort de la tyrannie sont la *seule peur*.

D'abord je distingue la peur en deux espèces aussi diverses entre elles dans leurs causes que dans leurs effets ; la peur de l'opprimé, et la peur de l'oppresseur.

L'opprimé craint parce qu'il sait très bien qu'au delà de ce qu'il souffre journellement,

il n'y a pas d'autres limites à ses souffrances
que la volonté absolue et le caprice arbitraire
de l'oppresseur. De cette crainte toujours re-
naissante et aussi démesurée, il devrait en
résulter, si l'homme raisonnait, la ferme résolution de ne vouloir plus souffrir; et à peine
cette résolution viendrait-elle à se former si-
multanément dans le cœur de tous, ou au
moins de la majorité, qu'elle mettrait fin immédiatement à ses souffrances, qui paraissent
devoir durer toujours : et cependant il arrive,
au contraire, que cette crainte excessive et
continuelle produit et nourrit dans l'âme res-
serrée et avilie de l'esclave cette extrême
circonspection, cette aveugle obéissance, cette
soumission respectueuse aux ordres du *tyran*,
qui sont portées à un tel point, que Dieu
même ne pourrait pas en exiger de plus
grandes.

L'oppresseur tremble aussi ; la crainte qu'il
éprouve, provient de la conscience de sa
propre faiblesse effective, et tout à la fois de
la force idéale et indéterminée qu'il a acquise:
si l'autorité absolue ne l'a pas rendu tout à
fait stupide, le tyran frissonne au fond de son
palais, lorsqu'il vient à examiner quelle haine
démesurée sa puissance sans borne a dû allumer dans tous les cœurs.

Les conséquences de la crainte du tyran sont
tout à fait différentes de celles de la crainte des
sujets, ou, pour mieux dire, elles sont semblables
dans un sens contraire, en ce qu'elles empê-
chent et le tyran et le peuple de se débarrasser de cette crainte commune, ainsi que la
nature et la raison leur en font un devoir,

c'est-à-dire les peuples, en ne voulant plus se soumettre à la volonté d'un seul, et les tyrans, en ne voulant plus dominer les peuples par la force ; et, en effet, il paraîtrait que le tyran épouvanté de sa propre puissance, toujours d'autant moins assurée qu'elle est plus excessive, devrait en diminuer la terreur, sinon en y mettant des bornes insurmontables, au moins en en faisant porter le poids plus doucement à ses sujets. Mais de même que les sujets ne s'abandonnent pas aux fureurs du désespoir, lorsqu'il ne leur reste plus à perdre qu'une vie malheureuse, de même le tyran ne devient pas doux et humain, lorsqu'il ne lui reste plus à acquérir que les louanges et l'amour de ses sujets. La crainte et le soupçon, compagnons inséparables de toute puissance illégitime (et tout pouvoir qui ne connaît pas de limites est illégitime), offusquent tellement l'esprit du tyran, même celui d'un caractère doux, qu'il devient cruel par force et toujours prêt à offenser et à prévenir les effets de la haine générale qu'il sent avoir méritée. C'est pourquoi il a coutume de punir avec la plus grande cruauté la plus petite tentative de ses sujets contre cette autorité, qu'il sait lui-même être excessive, et il ne la punit pas seulement quand elle a été exécutée en entreprise, mais quand il suppose ou qu'il feint de croire qu'une tentative a seulement été conçue.

L'existence réelle de ces deux espèces de peur n'est pas difficile à démontrer ; et quant à celle des sujets, que chacun de nous examine ce qui se passe en lui, et personne certainement n'en doutera. Quant à celle des tyrans, les nombreux et les divers satellites qui jour et nuit les servent et les défendent ne laissent aucun doute sur la réalité.

En admettant cette peur réciproque, qu'on ne peut nier, examinons quels doivent être les hommes qui tremblent toujours, et en premier lieu parlons de celle des sujets, c'est-à-dire de la nôtre, que nous devons bien connaître ; nous parlerons ensuite de celle des tyrans, par conjecture. Choisissons sous la tyrannie et examinons ce petit nombre d'hommes à qui la nature a donné une grande force de fibres, auxquels une éducation plus soignée a donné une certaine élévation d'âme, aussi grande que les temps peuvent le permettre, et qui par cela même sont plus au-dessus de la crainte et faits pour la vérité ; et, après avoir cherché soigneusement ce que ces hommes sont, peuvent ou doivent être, nous jugeons après, par leur prix et par induction, quels sont et doivent être tous les autres. Ces hommes, dignes certainement d'un meilleur sort, voient hélas ! tous les jours, sous la tyrannie, le cultivateur, opprimé par des charges arbitraires, traîner une vie pénible et malheureuse. Une grande partie d'entre eux sont arrachés par force de leurs chaumières pour porter les armes non pour leur patrie, mais en faveur de leur plus grand ennemi, contre eux-mêmes et contre leur liberté. Ils voient dans les villes la moitié du peuple plongée dans la misère, tandis que l'autre moitié nage dans l'abondance, toutes deux cependant également corrompues. Ils voient en outre la justice vendue, la vertu méprisée, les délateurs honores, la pauvreté devenue un crime, les charges et les honneurs arrachés par le vice déhonté, la vérité sévèrement proscrite, les biens, la vie, l'honneur de tous, enfin, dans les mains d'un seul homme qu'ils regardent comme incapable de tout gouverner et qui pour cela même est obligé de laisser à quelques autres non moins incapables et plus méchants que lui le droit d'en disposer arbitrairement. Ils voient tout cela, tous les jours, ces êtres *pensants* et peu nombreux que la tyrannie n'a pu détruire, et à la vue de cet amas de malheurs, ils doivent se taire en tremblant et en soupirant. Mais quel est le motif de leur silence? *La peur.* Il n'y a pas moins de crime, sous la tyrannie, à parler qu'à agir. De cette maxime, il devrait au moins en résulter qu'au lieu de parler on devrait agir ; mais hélas ! on n'ose ni l'un ni l'autre.

Si des hommes aussi rares et aussi bien intentionnés ont pu être avilis jusqu'à ce point, que seront donc ensuite les autres sous un tel gouvernement? Quel nom pourra-t-on inventer pour les distinguer de ceux qui, dans les gouvernements respectables des anciens, ont su donner tant d'éclat au nom d'homme? Les écrivains modernes s'efforcent chaque jour de nous démontrer que le hasard et les circonstances veulent que nous soyons tout à fait différents de ces hommes-là ; mais aucun d'eux ne nous veut apprendre de quelle manière on pourrait dominer le hasard et les circonstances, ni jusqu'à quel point on doit concevoir et tolérer une aussi grande diversité. D'un autre côté, les tyrans et le nombre immense de leurs suppôts, plus lâches encore qu'eux, s'efforcent de nous persuader que nous ne sommes plus de cette race antique et généreuse. Oui, certes, tant que nous supporterons leur joug en silence, il y a pour nous moins d'infamie à croire ce que nous disent les tyrans que ce que veulent nous persuader les écrivains modernes.

Tous ensemble donc, ou bons, ou méchants, ou savants, ou vulgaires, ou penseurs, ou stupides, ou lâches, ou courageux, tous apprennent à trembler plus ou moins sous la tyrannie, et cette crainte est évidemment le véritable, l'universel et le plus puissant ressort d'un tel gouvernement ; elle est enfin le lien unique qui enchaîne les sujets au pied du trône.

Examinons à présent si la crainte qu'éprouve le tyran est également le ressort de son régime, et le lien qui l'unit aux sujets. Il aperçoit souvent les abus sans nombre de sa manière informe de gouverner, il en connaît les vices, les principes destructeurs, les injustices, les rapines, les oppressions, la somme immense enfin des malheurs de la tyrannie, *moins lui-même*. Il voit que l'excès des impôts dépeuple chaque jour les provinces désolées ; et cependant il n'en diminue point le fardeau, parce que ses énormes exactions servent à nourrir l'essaim nombreux de ses soldats, la tourbe rampante de ses espions et de ses courtisans, tous remèdes dignes de lui et nécessaires à sa peur excessive. Il voit très bien aussi que la justice est trahie ou vendue, que les plus pervers sont toujours nommés aux places, et décorés des premiers honneurs ; et quoique le tyran sente bien tous ces maux, il ne cherche point à les corriger: pourquoi ne le fait-il pas ? Parce que si les magistrats étaient justes, incorruptibles et probes, il perdrait lui-même, le premier, tout moyen inique de colorer ses vengeances privées, sous le nom sacré de la justice. Il arrive de là que, devant malgré lui et presque sans s'en apercevoir se regarder comme le premier vice de l'Etat, un faible rayon de vérité pénètre jusqu'à son esprit, pour lui apprendre que, si quelque idée de véritable justice venait par hasard à s'établir parmi son peuple, il deviendrait la première victime de cette même justice. Par cela même que nul homme (tel scélérat puisse-t-on le supposer) ne peut jamais, dans une société quelconque, nuire si grièvement, et à tant de monde, qu'il le peut lui seul, chaque jour impunément dans la tyrannie, tout tyran doit donc trembler au seul nom de la véritable justice ; toute lumière pure de la saine raison doit accroître ses soupçons ; tout rayon lumineux de vérité doit exciter sa fureur. Les bons l'épouvantent ; il ne se croit jamais en sûreté s'il ne confie pas les places les plus importantes de l'Etat à des gens qui lui soient bien dévoués, c'est-à-dire qui lui soient vendus, semblables à lui et pensant aveuglément d'après lui, ce qui signifie des gens plus iujustes, plus tremblants, et pour cela plus cruels, et mille fois plus oppresseurs qu'il ne l'est lui-même.

Mais, me dira quelqu'un, « il peut se trou-

• ver un prince ami des hommes, et qui dé-

» teste le vice, qui fasse triompher et n'hono-
» re que la vertu ; » à cela je réponds et je
dis : Peut-il exister un homme probe et ami
de ses semblables, à moins qu'il ne soit stupide, qui se croie ou feigne de se croire, de droit
divin, absolument supérieur à chaque individu ou à toute la masse en général, et qui
dise qu'il ne doit compte à qui que ce soit de
ses actions et de lui-même, excepté à Dieu ?
Je croirai à la sagesse d'un tel ÊTRE lorsque
j'aurai vu un seul exemple par lequel il aura
voulu le plus grand bien des autres êtres,
supposés d'une espèce supérieure à la sienne,
et lorsque, par des mesures assez efficaces, il
aura empêché dans la société où il était *tout*,
et *tous* les autres *rien*, qu'un autre élu de Dieu
à l'égal de lui, ne puisse ensuite commettre,
d'une manière illimitée et impunément, tout
le mal qu'il savait avoir été commis dans ce
même Etat avant lui, et qu'il savait, attendu
la nature de l'homme, devoir s'y commettre
de nouveau après son règne : mais quel degré de bonté pourrait-on attribuer à cet
homme qui, devant et pouvant faire tant de
bien à un si grand nombre d'hommes, ne
le fait cependant pas ? Et pourquoi ne le fait-
il pas, si ce n'est parce qu'un tel bien pourrait priver sa race future de cette puissance
horrible et illimitée de nuire impunément, et
que l'on remarque de plus que cet être pourrait, par un moyen si noble, acquérir, en
place de cet affreux pouvoir de nuire qu'il
aurait détruit, une gloire immense et jusqu'a-
lors inconnue, la plus belle enfin qui puisse
remplir le cœur d'un homme, celle d'avoir,

par des privations légitimes et particulières, assuré la félicité durable d'un peuple tout entier.

Maintenant, quel est donc ce bon prince dont nos oreilles, chaque jour, sont étourdies des louanges données par la lâcheté et par la crainte? Un homme qui ne *veut* pas être homme, et qui ne l'*est* vraiment pas dans le fait, mais en tout autre sens qu'il ne l'imagine; un être qui veut sans doute le bien matériel des autres, c'est-à-dire qu'ils ne soient ni nus, ni obligés de mendier; mais qui, les voulant aveuglement *obéissants* aux caprices d'un seul, les veut nécessairement tout à la fois et stupides, et lâches, et vicieux, les voudrait encore plus *bêtes* qu'*hommes*. Un prince doué d'une telle bonté, si on peut en connaître d'autres, lorsqu'on est investi d'une autorité usurpée, illégitime et illimitée, serait-il moins tyran aux yeux de ceux qui raisonnent avec justesse, que le pire de tous les tyrans, puisque les mêmes effets malheureux sont produits par l'un comme par l'autre? et ne devrait-il pas être également abhorré par ceux qui connaissent et qui sentent le poids de la servitude? Vouloir conserver et défendre contre tous, et regarder comme sa prérogative la plus précieuse le pouvoir indéterminé de nuire à *tous*, n'est-ce pas toujours un crime impardonnable aux yeux de tout le monde, quoique celui qui est souillé d'une telle prérogative n'en abuse en aucune manière? Pourrait-on croire que ce bon prince imaginaire puisse être exempt de *peur*, tandis qu'il persiste à rester par la force au-dessus des lois?

et peut-il, plus que les autres princes, ses pareils, débarrasser ses sujets de la peur, puisque ces mêmes peuples, en vertu des lois *non sujettes à la force armée*, ne peuvent avec sûreté tourner en ridicule quelques-uns de ses caprices absolus, auquel il voudrait, pour un moment, donner le titre sacré de loi? Je croirais, au contraire, que le plus souvent ces tyrans qui ont reçu de la nature un meilleur caractère, deviennent dans le fait les plus nuisibles pour le peuple. En voici une preuve. Les hommes bons supposent toujours les autres tels. Les tyrans ne connaissent point du tout les hommes pris en général. Ce qu'il y a de certain, c'est qu'ils ne connaissent point du tout ceux qu'ils ne voient jamais, et très peu ceux qu'ils voient tous les jours. Or, il n'y a pas de doute que les hommes qui approchent le tyran ne soient toujours les plus méchants, parce qu'un homme vraiment bon fuira toujours comme un monstre celui qui possède un pouvoir trop étendu, et qui, outre la faculté qu'il a de le dépouiller de toute chose, peut encore, par l'influence de l'exemple, et par la force de la nécessité, l'obliger à cesser d'être bon. Il résulte de là que les méchants approchant le tyran méchant ne font qu'augmenter leur méchanceté; mais les scélérats, en s'approchant *du bon tyran*, le trompent en se couvrant d'une fausse bonté; et cela arrive tous les jours, de manière que la tyrannie, le plus souvent, ne réside pas dans la personne du tyran, mais dans sa puissance inique et abusive, exercée par la perfidie innée des courtisans. Mais, quelque part que réside la tyrannie, pour les misérables sujets, la servitude est toujours la même; elle devient quelquefois plus dure pour la société sous le bon tyran, quoiqu'elle paraisse quelque peu moins cruelle pour les individus.

Le bon tyran, peut-être, au commencement, ne tremble pas, parce que n'étant encore capable d'aucune violence, sa conscience est tranquille, ou, pour mieux dire, il tremble beaucoup moins que le coupable qui, dès l'instant qu'il tient une autorité sans bornes, qu'il sait assez n'être pas légitime, ne peut jamais entièrement se délivrer de la *peur*, et pour preuve de cela, quoique tout soit en paix et en sûreté au dehors, le tyran ne licencie jamais ses soldats dans l'intérieur. Mais encore, en supposant que ce tyran d'un caractère doux ne tremble pas, le petit nombre de ses satellites qui ont usurpé l'autorité royale et qui l'exercent à l'ombre de son nom tremblent pour eux-mêmes. De là il est prouvé que la peur est véritablement la base, la cause et le moyen de toute tyrannie, même sous le meilleur des tyrans.

Et qu'on ne vienne pas m'alléguer le petit nombre de tyrans qui furent vertueux, tels que *Titus, Trajan, Antonin, Marc-Aurèle*, et quelques autres semblables. Une preuve invincible qu'ils n'étaient pas eux-mêmes exempts *de peur*, c'est qu'aucun d'eux n'a jamais donné aux lois une autorité qui puisse frapper leur personne, ils ne la donnaient pas parce qu'ils savaient expressément qu'ils en seraient offensés les premiers. Aucun d'eux ne licenciait ses soldats ou ne les mettait sous les **ordres**

d'une autorité autre que la sienne propre,
parce qu'il était persuadé que sa personne
n'était pas assez en sûreté sans la force;
ils étaient donc bien certains eux-mêmes
que leur autorité était illimitée, puisqu'ils
ne voulaient pas la soumettre aux lois, et
qu'elle était illégitime, puisqu'elle ne pouvait se maintenir que par la terreur des armées. Je demande si un tyran *si parfait* mérite que les hommes lui accordent le nom de
bon? Quel droit a réellement à ce titre celui
qui, ayant dans ses mains un pouvoir qu'il
reconnaît vicieux, illégal, très dangereux, non-
seulement n'y renonce pas pour lui-même,
mais n'entreprend pas au moins d'en dépouiller ceux qui viendront après lui, et surtout
lorsqu'il sait que cette grande action peut le
couvrir de gloire et lui mériter les applaudis-
sements du monde entier? Observons en outre
que cette abdication, en empêchant l'usurpation, n'ôtait rien à ceux qui n'étaient pas encore en possession du pouvoir, d'autant plus
que ces mêmes tyrans ne laissaient pas d'enfants
pour successeurs. La peur des sujets ne cessa
donc pas sous *Titus, Trajan, Antonin et Marc-
Aurèle;* la preuve en est dans ce qu'aucun de
leurs sujets n'osa leur proposer de devenir ce
qu'ils devaient être, c'est-à-dire soumis aux
lois et régénérateurs de la république.

Il est cependant assez facile de concevoir
pourquoi les écrivains s'accordent à donner
tant de louanges à ces tyrans vertueux et à
dire que si tous les autres pouvaient leur ressembler, le gouvernement d'un seul serait le
meilleur gouvernement. En voici la raison :

lorsque la crainte a eté extrême et terrible, le plaisir qu'on éprouve de la voir diminuée des deux tiers fait que le troisième tiers qui en reste ne se compte pour rien.

Quel peut être donc celui qui a le droit de faire dépendre absolument de sa bonté libre et spontanée le bonheur ou le malheur de tant de millions d'hommes? Peut-il être entièrement sans passions? Il serait tout à fait stupide. Peut-il aimer tout le monde, sans jamais haïr quelqu'un? Peut-il n'être jamais trompé? Peut-il posséder la puissance de causer tous les maux et n'en faire jamais à personne? Peut-il enfin se croire d'une espèce différente des autres et supérieure à eux; et avec cette idée peut-il préférer le bien de tous à son bien-être particulier?

Je ne crois pas qu'il y ait au monde un seul homme qui voulût donner à son ami, le meilleur et le plus expérimenté, le suprême arbitre de disposer de sa fortune, de sa vie et de son honneur; et si un tel homme existait, quel ami véritable voudrait accepter un pouvoir tout à la fois aussi étrange, aussi dangereux et aussi odieux? Or, ce qu'un seul homme ne confierait pas pour lui seul à son plus intime ami, *tous* le concéderaient pour eux-mêmes et pour leur descendants, et le laisseraient garder par la violence à un seul, qui n'est point leur ami, et qui ne peut jamais l'être; à un seul homme qu'ils ne connaissent point, que peu d'hommes peuvent approcher, et auquel la plupart des sujets ne peuvent même s'adresser pour se plaindre des injustices qu'ils reçoivent en son nom? Certes, une telle frénésie n'est jamais tombée dans l'esprit d'une multitude, si ce n'est pour quelques instants et par un mouvement simultané ; et si toutefois il y a jamais eu une telle multitude assez stupide et assez ignorante pour accorder à un seul homme une si extravagante autorité, elle ne pouvait pas au moins charger les générations futures des chaînes qu'elle voulait se donner, et les contraindre à les resserrer encore et à les supporter. Toute puissance illimitée est donc par cela même, toujours ou dans son origine ou dans ses progrès, une atroce et manifeste violation des droits naturels et sacrés de *tous*. Ainsi, je donne à tout homme le droit de juger si celui qui l'exerce peut jamais tranquillement et sans trembler jouir de la funeste prérogative qu'il a usurpée de nuire impunément, et d'une manière illimitée, à tous en général et à chacun en particulier : tandis que tout homme honnête se croirait très malheureux de pouvoir nuire de cette manière à son meilleur ami, lors même que celui-ci lui en a donné le droit de sa propre volonté ; dès ce moment même, toute amitié viendrait à cesser, à la seule pensée de la possibilité de l'exercice d'un tel droit. La nature de l'homme est de craindre, et, pour cela, d'abhorrer quiconque lui peut nuire, lors même qu'on peut le faire avec justice ; et pour preuve de ceci, chez les peuples où l'autorité paternelle et l'autorité maritale sont portées à l'excès, on trouve les exemples les plus terribles et les plus répétés de l'ingratitude, de l'antipathie, de la désobéissance, de la haine et des crimes des femmes et des enfants envers leurs pères ou

leurs maris. De là il arrive que le droit de nuire
justement, dans les bonnes républiques, à celui
qui fait le mal, étant réservé aux lois seules,
les magistrats exécuteurs de ces lois étant à
la fois temporaires et électifs, il arrive, dis-je,
que l'on craint beaucoup les lois, sans pour
cela les haïr, parce qu'elles ne sont *personne* :
on en respecte les exécuteurs, sans trop les
détester, parce qu'ils sont en trop grand
nombre, et qu'ils changent tour à tour ; et il
arrive finalement qu'on ne craint ni ne hait
véritablement aucun individu.

Mais, au contraire, l'image du tyran héréditaire se présente toujours aux yeux des
peuples sous l'aspect d'un homme qui, leur
ayant volé une chose très précieuse, nie au-
dacieusement qu'ils l'aient jamais possédée,
et tient continuellement l'épée levée pour empêcher qu'on ne la lui reprenne ; il peut, à la
vérité, ne pas frapper, mais qui peut ne pas
craindre que le glaive ne tombe sur sa tête ?
Les peuples peuvent bien mettre la plus
grande insouciance à la lui demander ; mais
le tyran ne pouvant jamais s'assurer que
cette insouciance durera toujours, n'abandonne jamais pour cela la redoutable épée. Le
ressort qui soutient cette usurpation n'est
donc pas le courage opposé au courage, mais
la peur opposée à la peur.

Mais tandis que je parle si longuement de
la peur, j'entends dire à mes oreilles : Eh
quoi ! lorsque deux tyrans héréditaires, achar-
nés l'un contre l'autre, combattent avec opiniâtreté tous ces hommes qui, avec tant de
courage, affrontent pour eux la mort, sont-ils

guidés par la peur ou déterminés par l'honneur? Je réponds que je parlerai à son lieu de cette espéce d'honneur. Les peuples orientaux, toujours esclaves, et auxquels l'honneur n'est pas connu, que nous regardons même comme bien inférieurs à nous ; ces peuples ne combattent-ils pas avec autant d'acharnement pour leurs tyrans, et ne leur sacrifient-ils pas leur vie ? J'en attribue en partie la cause à la férocité naturelle de l'homme, à l'effervescence du sang qui augmente dans les dangers et les leur cache ; à la vaine gloire et à l'émulation qui font que personne ne veut paraître plus petit que l'autre, aux préjugés sucés avec le lait ; et enfin je les attribue plus qu'à toute autre chose à cette peur que j'ai déjà tant de fois nommée. Cette terrible affection se cache et se déguise dans le cœur de l'homme sous tant de formes différentes, qu'elle peut bien aussi s'y transformer en courage ; et nos armées modernes, dans lesquelles on punit de mort ceux qui fuient du combat, n'attestent que trop cette vérité ; et ces héros satellites des tyrans, qui, pour quelques sous par jour, leur vendent leur lâcheté, lorsqu'ils sont conduits à l'ennemi par leurs chefs, qu'ils ont derrière eux, leurs sergents, l'épée levée, et quelquefois même de l'artillerie ; ces lâches machines alors, voyant que toute fuite est impossible, finissent par montrer à l'ennemi un courage qu'elles n'ont pas : de tels soldats, sans avoir beaucoup d'honneur, sont forcés de préférer une mort non encore certaine et honorable à une mort infâme et assurée.

CHAPITRE QUATRIÈME

De la lâcheté.

De la peur de tous naît, sous la tyrannie, la lâcheté de presque tous; mais ceux qui méritent le titre de vils au suprême degré sont nécessairement ceux qui approchent le plus près du tyran, c'est-à-dire de la source de toute *peur active* et *passive*. C'est pourquoi, à mon avis, il y a une très grande différence entre la peur et la lâcheté; l'homme honnête peut être, par les circonstances cruelles où se trouve son pays, réduit à craindre; mais il craindra avec une certaine dignité; il craindra en se taisant, en fuyant pour toujours jusqu'à l'aspect même de celui qui répand la terreur partout, et il déplorera en lui-même, et avec quelques amis, la nécessité de craindre, l'impossibilité de détruire une crainte aussi indigne ou d'y porter remède. Au contraire, l'homme déjà vil par sa propre nature, faisant pompe de sa lâcheté, et la cachant sous le masque infâme d'un amour supposé, cherchera à s'approcher, à s'identifier, autant qu'il le pourra, avec le tyran. Le misérable espère diminuer de cette manière sa propre crainte, et la centupler dans les autres.

Il me paraît donc bien démontré que, quoique tous les hommes soient avilis sous la tyrannie, ils ne sont pas pour cela tous vils.

CHAPITRE CINQUIÈME

—

De l'ambition.

Ce désir impérieux, ce puissant aiguillon qui porte les hommes, plus ou moins, à chercher les moyens de s'élever au-dessus des autres et d'eux-mêmes ; cette passion bouillante qui produit tout ensemble, et les dessins les plus glorieux et les entreprises les plus abominables, l'ambition, enfin, sous la tyrannie, ne perd rien de son activité ; elle ne reste pas endormie ou étouffée, comme tant d'autres nobles passions de l'homme, sous un tel gouvernement. L'ambition, sous la tyrannie, trouvant tous les chemins et tous les moyens pour arriver à des fins vertueuses et sublimes, fermés ou détruits, devient d'autant plus vile et d'autant plus funeste, que sa force était plus grande et plus soutenue.

Le but le plus élevé de l'ambition de celui qui n'est pas né libre, est d'obtenir une part quelconque de la souveraine autorité, les républiques les plus vertueuses et les plus libres ont cela de commun avec la tyrannie ; toutefois, cependant, combien cette autorité également désirée est différente, et combien les moyens pour l'obtenir se ressemblent peu ! Combien les effets qui en résultent sont dissemblables! Chacun peut le voir par lui-même.

On parvient, sous la tyrannie, à une autorité absolue en se rendant agréable au tyran, en secondant toutes ses vues et en lui ressemblant tout à fait. Un peuple libre n'accorde jamais une autorité passagère et limitée, si ce n'est à une vertu éprouvée, à des services importants rendus à la patrie, à l'amour du bien public, enfin, prouvés par des faits. La société ne peut vouloir que le bien et l'utilité de tous, elle ne veut récompenser que ceux qui lui procurent ces biens. Il est vrai néanmoins qu'elle peut être trompée quelquefois. mais son erreur n'est pas longue, et les moyens de la corriger sont toujours en son pouvoir. Le tyran, qui est seul contre tous, a toujours un intérêt non-seulement différent, mais le plus souvent directement opposé à l'intérêt de tous; il doit donc récompenser ce qui est utile à lui; et au lieu de récompenser, il doit persécuter, punir quiconque tendrait véritablement à se rendre utile à tous.

Mais si le hasard, cependant, voulait que le bien du tyran se trouvât uni pour un instant avec le bien de tous, en en récompensant l'auteur il prétexterait peut-être le bien public; mais, dans le fond, il ne paierait que les services rendus à son intérêt personnel.

Celui qui aura, par hasard, servi l'état (si une tyrannie peut s'appeler état, et si on peut faire quelque bien à des esclaves, à moins de les délivrer de leur esclavage), celui-là, dis-je, conviendra qu'il a servi le tyran. Il dévoilera par ses paroles la bassesse de son âme ou l'aveuglement de son esprit ; et le tyran lui-même, quand la peur et la dissimulation qu'elle produit ne lui rappelleront pas qu'il doit au moins pour la forme nommer *l'état,* dira par inadvertance d'avoir récompensé les services rendus à lui-même.

Ainsi *Jules César, auteur,* parlant de Jules César, général et tyran futur, laissait échapper de sa plume les paroles suivantes :

Scutoquè ad eum (ad Cæsarem) *relato Scævæ centurionis inventa sunt in eo foramina* CCXXX, *quem Cæsar ut erat DE SE meritus, et de republicâ, donatum millibus ducentis,* etc. (1).

(CÉSAR : *De la guerre civile,* livre III.)

On voit par ces paroles *DE SE meritus,* de quelle manière le bon César, qui s'était fait une loi dans ses *Commentaires* de ne parler de lui qu'à la troisième personne, en parle ici, par inadvertance, à la première ; et tellement à la première, que le mot de république ne se trouve qu'après les deux mots *DE SE,* presque par forme de correction. C'est de cette manière que pensait et qu'écrivait le plus magnanime des tyrans, lors même qu'il ne s'était pas encore déclaré tel, lors même qu'il était encore dans le doute s'il pourrait réussir dans son entreprise ; et cependant ce César était né et avait vécu comme citoyen jusqu'à

(1) Le bouclier du centurion Scæva lui ayant été porté (à César), on trouva qu'il avait été percé par 230 flèches. CÉSAR lui fit présent de deux cents Milles, comme ayant bien mérité de lui (César) et de la république.

l'âge de quarante ans. Or, que pensera et que dira sur un tel point un tyran vulgaire, un tyran né dans le berceau royal, élevé à la cour, certain de mourir sur un trône, qui passe sa vie ennuyé dans la fatigante satiété de ne trouver jamais d'obstacles à ses désirs.

Il résulte, à ce qu'il me paraît, de tout ce que j'ai dit jusqu'ici, que l'obtention des faveurs d'un seul atteste toujours plus de vices que de vertus dans celui qui les reçoit, quoique celui qui les accorde puisse être vertueux, puisque, pour plaire à ce seul homme, il faut être ou se montrer utile à lui, tandis que la vertu veut que l'homme public soit évidemment utile à la société. Il en résulte également que les faveurs d'un peuple libre, quoiqu'il soit corrompu, attestent néanmoins que celui qui les obtient possède quelques qualités et quelques vertus, puisque, pour plaire au plus grand nombre, il faut être manifestement, ou se faire croire utile à tous. Que cette action vienne d'une intention réelle ou supposée, elle demande toujours une certaine capacité et une certaine vertu; au lieu que l'intention de se montrer utile et nécessaire au despote, afin d'usurper une partie de son autorité, demande toujours et bassesse de moyens, et petitesse d'esprit, détours et duplicité, et autres infamies pour balancer le crédit de tant de concurrents et l'emporter sur eux par les mêmes moyens qu'ils employent, et pour le même objet qu'ils désirent.

C'est par des exemples que je vais aisément prouver ce que je viens d'avancer. Les Romains étaient déjà très corrompus, et leur

liberté chancelait, lorsque Marius ayant gagné
les suffrages du peuple, devint consul malgré
Sylla et les patriciens. Mais, si on examine
attentivement ce qu'était Marius, et par combien d'actions vertueuses il s'était distingué,
soit à la tribune, soit dans les camps, on
verra que le peuple fut très juste en lui accordant sa faveur, parce que dans des circonstances et des époques marquées, l'éclat de ses
vertus fit oublier ses vices.

Les Français n'étaient pas libres (et malheureusement ils ne le sont pas encore aujourd'hui), mais ils étaient dans une crise favorable à faire naître la liberté et à fixer pour
toujours de justes bornes à une principauté
raisonnable lorsque Henri IV, idole des Français un siècle après sa mort, monta sur le
trône ; Sully, le ministre intègre de ce bon
prince, jouissait alors de sa faveur, et la mé-
ritait à tous égards. Mais si on veut mettre à
l'épreuve la vertu politique de ces deux hommes, on doit en juger par ce qu'ils firent.
Sully eut-il jamais la vertu et le courage de se
servir d'une telle faveur pour forcer, par l'é-
vidence tirée d'arguments et de raisonnements
invincibles, ce bon roi à élever au-dessus de
lui, et de ses successeurs, des lois permanentes et libres ? Et s'il en eût eu le courage,
est-il à présumer qu'il aurait conservé la faveur d'Henri ? La faveur donc d'un tyran,
même bon, ne peut pas absolument s'acquérir, de la part du *sujet*, par la voie d'une véritable vertu politique, et elle peut encore
moins par ce moyen s'accroître et se conserver.

Examinons maintenant en premier lieu, les sources de l'autorité. Dans les républiques, les moyens de l'obtenir sont de les défendre, de les honorer, d'en accroître l'empire et la gloire; d'en assurer la liberté lorsque cette liberté est sans tache, de remédier aux abus, ou, au moins, de le tenter, si elles sont corrompues, de leur dire enfin toujours la vérité, lors même que cette vérité peut paraître odieuse et offensante.

Les moyens d'obtenir quelque autorité de la part du tyran sont de le défendre, mais plus encore de ses propres sujets que de ses ennemis extérieurs, de le flagorner, de diviniser ses défauts, d'accroître son empire et sa force; d'assurer ouvertement son pouvoir illimité, s'il est un tyran ordinaire; de lui assurer tous les avantages sous l'apparence du bien public, s'il est un tyran adroit qui ait besoin de tromper pour assurer de plus en plus sa domination; enfin il **faut taire** toujours devant lui, sur toutes choses, **cette** vérité très importante : *Que sous le gouvernement absolu d'un seul, tout doit être indispensablement vicieux et renversé.* Ceux qui veulent se conserver la faveur du tyran doivent bien se garder d'énoncer une pareille vérité, et il est presque impossible que ceux qui ont recherché et obtenu cette faveur puissent la penser ou même la sentir. Mais cette vérité palpable et divine ne pourra jamais se taire par ceux qui veulent vraiment le bonheur du genre humain; et jamais le tyran, qui veut et doit vouloir avant toutes choses son bien-être particulier, ne pourra l'entendre ou la souffrir.

Toutes les *cours* donc, par nécessité, four-
millent d'une troupe de brigands; et si le hasard vient à y introduire un homme probe et
qui ose vouloir s'y conserver tel et y rester, il
doit tôt ou tard, ce malheureux, être la victime de tant de scélérats qui lui tendent des
piéges, qui le craignent et l'abhorrent, parce
qu'ils sont vivement offensés de son auda-
cieuse vertu. C'est pour cela que dans un
gouvernement où *un seul* est maître de *tout*
et de *tous*, il ne peut y avoir d'autre liaison
que celle du crime et de la scélératesse. Tous
les siècles, toutes les tyrannies, attestent et
attesteront toujours cette triste vérité; et
cependant, malgré cela, dans tous les siècles,
sous toutes les tyrannies, parmi tous les peuples esclaves, c'est la vérité la moins reçue et
la moins sentie. Le tyran même, celui d'une
nature douce, rend immédiatement méchants
tous ceux qui l'approchent, parce que sa puissance trop étendue et de laquelle il ne veut
pas se dépouiller, quoiqu'il n'en abuse pas,
remplit de crainte ceux qui l'observent de
près. Cette crainte enfante la dissimulation,
et de la dissimulation et du silence naissent la
lâcheté et la méchanceté.

Mais l'ambition, sous la tyrannie, offre souvent à l'ambitieux un pouvoir illimité, très
peu inférieur à celui du tyran et tel qu'aucune
république jamais n'aurait pu ni voulu en accorder un semblable à aucun de ses citoyens.

Plusieurs ont voulu excuser celui qui, né
dans l'esclavage, se proposait le but hardi de
s'élever au-dessus même du tyran, à l'ombre
de son imbécilité et de sa nonchalance. Que

chacun réponde à cette objection, en se disant à soi-même : «Une autorité injuste, illimitée, ra-
» vie, et précairement exercée sous le nom d'un
» autre, peut-elle jamais s'obtenir sans infamie?
» Peut-elle s'exercer sans nuire à plusieurs, ou
» au moins aux aspirants à cette même auto-
» rité ? Peut-elle enfin se conserver sans as-
» tuce, sans cruauté et sans despotisme? »

On ambitionne donc l'autorité dans les républiques, parce que cette autorité atteste que
ceux qui l'ont acquise sont doués de grandes
vertus, et parce qu'elle ouvre un vaste champ
au développement de leur gloire personnelle,
toujours concordante avec le bien général. On
ambitionne l'autorité dans les tyrannies, parce
qu'elle fournit les moyens d'assouvir toutes les
passions privées, d'acquérir des richesses dé-
mesurées, de venger ses injures, et d'en faire
sans crainte de vengeance, de récompenser
les plus infâmes services, de faire trembler
enfin tous ceux qui naquirent égaux ou supérieurs à celui qui l'exerce. On ne peut pas ré-
voquer en doute que dans les républiques et
les tyrannies, les ambitieux n'aient chacun,
pour leur part, ces motifs tout à fait différents. Le républicain, bien avant d'acquérir
cette autorité, sait déja qu'elle ne doit pas
toujours rester dans ses mains ; qu'il ne peut
en abuser, parce qu'il doit en rendre un compte
très rigoureux à ses égaux, et que le choix
qui est tombé sur lui est une preuve qu'il était
le plus digne d'entre tous ses compétiteurs.
De même, dans la tyrannie, l'esclave n'ignore
pas que l'autorité qu'il ambitionne sera sans
bornes, et qu'elle est par cela même abhorrée

par tous les hommes ; qu'il est nécessaire d'en abuser pour la conserver ; que la postuler démontre la méchanceté du caractère du candidat, et que l'obtenir est une preuve manifeste qu'il était le plus criminel de tous les concurrents ; et cependant ces deux ambitieux connaissant bien toutes ces choses, sans en être arrêtés, s'élancent également dans la carrière qu'ils ont entreprise. Or donc, qui peut affirmer que l'ambitieux dans la république n'ait pas pour but plutôt la gloire que la puissance ? Qui peut croire que l'ambitieux dans la tyrannie se propose un autre but que le pouvoir, les richesses et l'infamie?

Mais toutes les ambitions ne visent pas à la suprême autorité. Dans l'un et l'autre gouvernement, on trouve toujours un nombre infini de *demi-ambitieux* auxquels les honneurs sans pouvoir suffisent, et un nombre de lâches plus considérable encore qui se contentent de l'or sans pouvoir ni honneurs, et, dans l'un et l'autre gouvernement encore, les mêmes raisons et la même différence dirigent ces hommes. Les honneurs dans les républiques ne se ravissent pas en trompant un seul homme, mais ils s'obtiennent en faisant le bien de la majorité et en trouvant le moyen de lui plaire, et cette majorité ne veut pas honorer celui qui ne le mérite pas réellement, parce qu'en le faisant, elle se déshonorerait beaucoup trop elle-même. Les honneurs, sous la tyrannie, si on peut les appeler tels, sont distribués selon les caprices d'un seul ; ils sont accordés le plus souvent à la noblesse du sang, au fidèle et entier dévouement des an-

eêtres pour les tyrans, à la parfaite et aveugle
obéissance, c'est-à-dire, à l'ignorance absolue
de soi-même, à l'intrigue, à la faveur, et quelquefois au courage contre les ennemis extérieurs.

Mais tous ces honneurs, quels qu'ils soient,
étant toujours différents par leur nature dans
ces deux gouvernements, sont encore de même
aussi, comme chacun le voit, ambitionnés par
des motifs tout à fait différents. Sous la tyrannie, chacun veut représenter aux yeux du
peuple une parcelle quelconque du tyran ;
c'est pour cela qu'un titre, un ruban ou quelque autre méprisable bagatelle, suffit pour
satisfaire la mince ambition d'un misérable
esclave ; parce que ces vils honneurs prouvent,
non pas qu'il soit véritablement estimable,
mais qu'il est digne de l'estime du tyran, et
parce qu'il espère, non pas que le peuple l'honore, mais qu'il le respecte et le craigne. Dans
la république, la raison pour laquelle on re-
cherche les honneurs est claire et indubitable ;
c'est parce qu'ils honorent véritablement celui
qui les reçoit.

L'ambition de s'enrichir, que l'on appelle
plus justement *cupidité*, ne peut avoir lieu
dans les républiques tant qu'elles ne sont pas
corrompues ; et lorsqu'elles le deviennent, les
moyens de s'enrichir étant principalement
dans le commerce et dans la guerre, et non
jamais dans les vols impunis du Trésor public, quoique l'amour du gain soit par lui-
même très vil, néanmoins, par ces deux
moyens, l'or devient la récompense de deux
grandes vertus, le courage et la fidélité. L'am-

bition de s'enrichir est plus universelle sous la tyrannie. Plus elle est riche et étendue, plus on a de moyens de satisfaire cette vile passion par des voies illégitimes, surtout ceux qui ont la direction du Trésor public. Outre ce moyen là, il y en a beaucoup d'autres, et ils doivent être aussi nombreux que les vices du tyran et du favori qui le gouverne.

Le but que les hommes se proposent en accumulant d'immenses trésors est vicieux dans l'un et l'autre gouvernement; et il l'est plus encore dans les républiques que sous la tyrannie, parce que dans celles-là on ne les amasse que pour corrompre, acheter les citoyens et détruire l'égalité; et dans celle-ci, pour en jouir dans le luxe et tous les vices. Avec tout cela, le désir d'acquérir des richesses me semble plus excusable dans les gouvernements où les moyens de les obtenir sont moins vils, où la possession en est plus assurée, et où enfin le but, tout criminel qu'il est, peut être plus élevé; au lieu que dans les gouvernements absolus, ces richesses qui sont le fruit de mille intrigues, de mille iniquités et de mille lâchetés, peuvent être enlevées par le caprice d'un seul, par les mêmes intrigues, les mêmes iniquités et les mêmes bassesses, ou par le caprice même qui les donnait ou les laissait ravir.

Il me semble avoir parlé de toutes les espèces d'ambition qui peuvent germer sous la tyrannie. Je conclus que cette passion qui a été et qui peut être l'âme des états libres, devient la peste la plus terrible de ceux qui gémissent sous les chaines de l'esclavage.

CHAPITRE SIXIÈME

—

Du premier ministre (1).

Au milieu des calamités publiques les plus funestes causées par l'ambition sous la tyrannie, on doit regarder comme la plus grande et la plus atroce l'existence et le pouvoir du *premier ministre*. Je n'ai fait que l'indiquer dans le chapitre précédent, je crois très important d'en parler ici d'une manière plus précise et plus étendue.

Cette fatale dignité attache d'autant plus de crédit et de pouvoir à celui qui en est revêtu, que l'incapacité de celui qui l'a confié est plus grande ; mais comme elle est donnée par la seule faveur du tyran, comme on ne doit pas supposer qu'un ministre capable et éclairé, puisse plaire à un tyran imbécile, il en résulte le plus souvent que ce premier ministre, aussi *inepte* au gouvernement que le tyran lui-même, lui ressemble entièrement dans l'impossibilité de faire le bien, et le sur-

(1) *Ad consulatum non nisi per Sejanum aditus, neque Sejani volontas nisi scelere quærebatur.*

On ne pouvait arriver au consulat que par Séjan, et on n'obtenait le consentement de Séjan que par le crime.

(TACITE. *Ann.*, lib. IV, parag. 68.)

passe de beaucoup dans la capacité, le désir et la nécessité de faire le *mal*. Les tyrans de l'Europe cèdent à leurs premiers ministres la jouissance et l'usufruit de tous leurs droits; mais, parmi tous ces droits, celui qu'ils partagent avec plus d'étendue et moins de réserve, c'est la juste horreur des peuples pour le tyran; et cette horreur est dans la nature de *l'homme*, qui ne souffre pas volontiers qu'un autre homme, né son égal, ravisse et exerce son autorité que le sort a donnée à un être qu'il croit d'une nature supérieure à la sienne ; autorité qui, passant par des mains impures et illégitimes, double au moins son poids et ses funestes effets ; et ce premier ministre sachant qu'il est souverainement et universellement abhorré, porte à *tous*, et à *chacun* en particulier, la haine la plus violente ; c'est pour cela qu'il punit, persécute, opprime et même anéantit quiconque l'a offensé, peut l'offenser, en a la volonté, ou à qui il peut la supposer, et quiconque enfin n'a pas le bonheur de lui plaire. Le premier ministre trouve facilement ensuite le moyen de persuader au *mannequin royal* dont il a su se rendre l'ami : que toutes les violences et toutes les cruautés qu'il emploie pour sa propre sûreté ne sont que pour assurer celle du tyran. Quelquefois le tyran, par caprice, par faiblesse ou par crainte, retire tout à coup au premier ministre ses faveurs et l'autorité, le chasse de sa présence et lui laisse, par bonté spéciale, avec la vie, les richesses dont il a fait sa proie honteuse; mais ce changement n'est autre chose qu'un surcroît de charges pour le peuple malheureux et subjugué. C'est ce qu'il est facile de démontrer. Le ministre disgracié, quoique convaincu de mille rapines, de mille fraudes, de mille injustices, n'est presque jamais dépouillé de sa dignité que lorsqu'un autre courtisan plus rusé que lui a su lui faire perdre la faveur du tyran ; mais, de quelque manière que cette disgrâce ait lieu, elle arrive enfin, et alors il faut que l'état se prépare à supporter le nouveau ministre, qui, devant toujours être de quelques degrés plus méchant que le premier, à besoin, pour se faire croire meilleur, de changer, de renverser l'état de choses établi par l'autre, pour se montrer en tout dissemblable à lui ; et cependant ce ministre veut et doit vouloir, comme son prédécesseur, et s'enrichir, et se maintenir en place, et se venger, et tromper, et opprimer, et terrasser. C'est pourquoi tout changement dans la tyrannie, soit du tyran, soit du ministre, n'est autre chose, pour un peuple malheureusement esclave, que le changement de ligatures et de chirurgien pour un malade couvert d'une plaie immense et incurable, changement qui ne fait qu'en renouveler les exhalaisons fetides et les spasmes.

On peut démontrer avec la même facilité, que le ministre successeur doit être un peu plus méchant que celui qu'il remplace. Pour l'emporter sur un homme méchant, puissant et rusé, il est nécessaire de le vaincre en ruse et en méchanceté. Le ministre d'un tyran ne tombe presque jamais dans la disgrâce sans que quelqu'un de ceux qui sont directement ou indirectement les auteurs de sa ruine ne lui succedent. Or, comment ce successeur a-t-il pu détruire ces nombreux remparts que le premier avait élevés pour se maintenir dans sa place? Par fortune? Non, certes; mais par un art supérieur. Et je demande, « si dans les cours, *cet art supérieur* doit » supposer des moindres vices dans celui qui » le possède et l'exerce si heureusement ? »

La *non férocité* des tyrans modernes, qui n'est chez eux que le fruit de la *non férocité* de leurs peuples, ne veut pas qu'on en vienne jusqu'à ôter la vie aux ex-ministres, pas mêmes leurs richesses, quoique la plupart du temps elles ne soient que le produit honteux de leurs rapines et de leurs iniquités. Ils n'éprouvent donc d'autre châtiment que celui de se voir couverts d'opprobres et l'objet du mépris de *tous*, principalement de ces hommes vils qui rampaient le plus lâchement à leurs pieds. Quelques-uns de ces vice-tyrans chassés poussent l'effronterie jusqu'à faire pompe de la tranquillité affectée qu'ils mettent à supporter leur disgrâce; ils osent follement s'arroger le titre de philosophes *détrompés;* ils provoquent par là la pitié dédaigneuse des vrais sages, qui, connaissant ce que doit être un vrai philosophe, savent qu'il ne peut être ou avoir jamais été un vice-tyran.

Mais je perdrais mes paroles et mon temps, j'avilirais la grandeur importante de mon sujet, si je voulais démontrer qu'un être aussi vil et aussi criminel ne peut jamais avoir été ou devenir philosophe.

Ce que je veux prouver comme une chose beaucoup plus nécessaire à savoir, c'est que le premier ministre d'un tyran n'est, et ne

peut jamais être, un homme *bon et honnête.*
J'entends par honnêteté politique, et véritable
essence de l'homme, celle par laquelle la personne publique préfère le bonheur de tous à
celui d'un seul, et la vérité à toutes choses;
et en définissant simplement ce que c'est que
l'honnêteté politique, je croirai avoir amplement prouvé ma proposition. Si le tyran lui-
même ne veut pas et ne peut vouloir le véritable bien public tout entier (ce qui exigerait
immédiatement la destruction de tout son pouvoir), est-il croyable que puisse le vouloir et
l'opérer celui qui le représente précairement,
celui qu'un mot et un caprice ont presque
élevé sur le trône, et qu'un mot et un caprice
peuvent l'en précipiter.

On pourrait encore facilement prouver,
et par d'invincibles raisons, que le ministre
d'un tyran ne peut être particulièrement *hon-*
nête homme, puisque nous entendons par honnêteté publique les mœurs et la *foi d'honneur.*
Mais les ministres eux-mêmes, tous les jours,
nous le prouvent beaucoup mieux par leurs
œuvres qu'aucun écrivain ne pourrait le faire
par des volumes. Que l'on remarque seulement qu'il n'existe pas de ministre qui veuille
perdre sa charge, qu'aucune n'est aussi en-
viée que la sienne, que personne n'a autant
d'ennemis, que personne n'a plus de calomnies
ou de véritables accusations à combattre. Or,
la vertu peut-elle par elle-même, sous un
gouvernement sans vertu, résister, avec une
force qui n'est pas la sienne, aux vices, aux
cabales, à l'envie? J'en appelle au jugement
de tout lecteur raisonnable.

De la puissance illimitée du tyran, passée dans les mains de son ministre, naît l'abus d'un pouvoir déjà par lui-même abusif. Le pouvoir et l'abus du pouvoir doivent croître nécessairement, lorsqu'ils se trouvent transplantés dans la personne d'un sujet, parce qu'il se trouve forcé d'employer cette puissance pour défendre et le tyran héréditaire et lui-même. Une personne de plus à défendre demande nécessairement plus de moyens de défense, et une autorité plus illégitime exige des moyens plus illégitimes encore. C'est pourquoi on doit regarder la création et l'introduction de ce funeste personnage dans la tyrannie comme la perfection la plus sublime de la puissance arbitraire.

En voici la preuve en bref. Le tyran qui n'a jamais vu, et qui ne croit pas qu'il y ait quelqu'un d'égal à lui, déteste, par une crainte innée, l'universalité de ses sujets ; mais il ne hait pas les individus, parce qu'il n'a reçu d'eux aucune injure personnelle. Le glaive donc reste suspendu dans la main d'un homme qui, n'ayant reçu aucune offense particulière, ne sait pas sur qui il doit le laisser tomber.

Mais aussitôt qu'il confie ce précieux et terrible emblême de l'autorité à un sujet, à un homme qui a eu des supérieurs et des égaux, à un homme qui, parce qu'il est injuste au suprême degré, doit être au suprême degré détesté par *plusieurs* et par la *majorité*, qui pourra croire, qui osera dire, qui osera espérer qu'il ne frappera pas ?

CHAPITRE SEPTIÈME

—

De la milice.

Que le tyran règne ou son ministre, des soldats mercenaires sont toujours les défenseurs de leurs personnes exécrables, les exécuteurs aveugles et cruels de leurs volontés absolues. De nos jours, il y en a de diverses espèces, mais tous sont destinés à maintenir la tyrannie.

Dans quelques pays de l'Europe, on enrôle les hommes par force ; dans d'autres, avec moins de violence et avec plus d'opprobre pour ces peuples, ils offrent spontanément de perdre leur liberté, ou pour mieux dire, ce qu'ils appellent bien à tort leur liberté. Ils sont entraînés à cet infâme trafic de leurs personnes le plus souvent par leur stupidité, par leurs vices, ou trompés par l'espérance de subjuguer et d'opprimer leurs égaux. Plusieurs tyrans sont aussi dans l'usage d'avoir à leur solde quelques troupes étrangères, dans lesquelles ils mettent plus de confiance ; et, par une étrange contradiction déshonorante pour l'espèce humaine, les Suisses (ce peuple presque le plus libre de l'Europe) se laissent choisir et acheter pour être les gardiens des personnes de presque tous les tyrans qui la gouvernent.

Mais que les milices soient nationales ou étrangères, volontaires ou forcées, elles sont toujours le bras, le ressort, la base, la raison seule et la meilleure des tyrannies et des tyrans. Un tyran de nouvelle création commença, dans ce siècle, à établir et à conserver sur pied une armée formidable; et, conservant cette armée lorsqu'il n'avait pas d'ennemis au dehors, il nous a amplement prouvé la vérité d'un axiome très connu, *que le tyran a toujours des ennemis autour de lui.* Ce n'était cependant pas une chose nouvelle pour les tyrans d'avoir pour ennemis tous leurs sujets, et encore moins une nouveauté de les voir se soumettre, obéir et trembler, sans qu'ils soient obligés d'employer la force de tant d'armées formidables. Mais il y a une très grande différence entre l'idée qu'on se forme des choses et les choses elles-mêmes; il y a de plus la perfection des sens, et dans l'homme, les sens sont tout. Le tyran qui, dans les siècles passés, restait sans troupes et presque désarmé, venait à éprouver le besoin ou le caprice de fouler plus qu'à l'ordinaire ses malheureux sujets, il était obligé de réprimer ses désirs, parce qu'il pensait que leurs murmures et leur résistance pourraient l'obliger à s'armer pour les forcer au silence et à l'obéissance.

Le père ou l'aïeul du tyran actuel savait bien qu'il avait cette force et cette autorité; mais ne l'ayant pas toujours sous les yeux, comme aujourd'hui, il n'en avait pas la conviction qu'éprouve le despote à la vue de ses nombreux bataillons, qui non-seulement le défendent des insultes de ses sujets, mais encore l'excitent à les offenser davantage. Ainsi donc, entre l'idée du pouvoir des anciens tyrans et la réalité effective du pouvoir des tyrans actuels, il y a précisément autant de différence qu'il en existe entre la possibilité idéale d'une chose et son exécution *palpable*.

La force militaire permanente détruit sous les modernes tyrannies, jusqu'à l'apparence de la société civile, ensevelit jusqu'au nom de liberté et pousse l'avilissement de l'homme à un tel point qu'il ne peut ni faire, ni dire, ni écouter, ni penser des choses salutaires, élevées, justes et vertueuses, relativement au système politique. De cette infâme multitude de soldats fainéants, aussi serviles dans leur obéissance que féroces et insolents dans l'exécution des ordres de leurs maîtres, et toujours plus intrépides contre leur patrie que contre l'ennemi, naît cette monstruosité mortelle qui élève un autre état dans l'état lui-même, c'est-à-dire un corps permanent et terrible, ayant des opinions et des intérêts divers, et en tout contraires à ceux de l'état; un corps qui, par son institution vicieuse et illégitime, porte en lui-même l'impossibilité démontrée de conserver la tranquillité civile. L'intérêt de *tous* et de la *majorité* chez les peuples, quel que soit leur gouvernement, c'est de n'être pas opprimés, ou de l'être le moins possible. Dans la tyrannie, les soldats qui ne doivent pas avoir d'autre intérêt que celui du tyran qui les nourrit et qui flatte leur paresse orgueilleuse, les soldats, dis-je, ont nécessairement intérêt d'opprimer les peuples le plus qu'ils peuvent; parce que plus ils les oppriment, plus ils sont considérés, redoutés et nécessaires.

Dans les républiques vraiment dignes de ce nom, les dissensions intérieures sont non-seulement des éléments de vie pour le corps politique, mais elles agrandissent encore la liberté, lorsqu'elles sont ménagées et dirigées avec sagesse; sous la tyrannie, au contraire, les dissensions civiles, et même les moindres intérêts divers, accroissent et les malheurs publics et l'oppression universelle; alors il faut que le faible, pour ainsi dire, s'anéantisse, et que le fort ne garde plus de mesure dans son insolente fierté. C'est pourquoi, sous la tyrannie, la soldatesque est tout et le peuple rien.

Que ces satellites soient volontairement ou forcément enrôlés, ils n'en sont pas moins, quant aux mœurs, la plus vile partie de la lie du peuple. A peine ont-ils endossé la livrée de leur *double servitude*, qu'ils deviennent aussi orgueilleux que s'ils étaient moins esclaves que leurs semblables, et se dépouillant du nom d'habitants de la campagne, dont ils étaient indignes, ils méprisent leurs égaux, et les regardent comme de beaucoup au-dessous d'eux. Et en effet, les véritables paysans cultivateurs, sous la tyrannie, se déclarent eux-mêmes beaucoup au-dessous des *paysans soldats*, puisqu'ils souffrent que cette *canaille armée* ose les mépriser, les outrager, les dépouiller et les opprimer. Les peuples pourraient facilement résister à cette vile canaille, s'ils voulaient seulement réfléchir un seul instant sur l'étendue de leurs forces, puisqu'ils se trouveraient toujours *mille* contre *un*.

Et si la lâcheté des opprimés était parvenue à un tel degré qu'ils n'osassent pas attaquer de front leurs oppresseurs, ne pourraient-ils pas employer l'or et l'adresse pour les corrompre et les acheter? leurs bras n'appartiennent-ils pas à celui qui les paye le mieux? Mais un tel moyen deviendrait par la suite la source de plusieurs maux; et l'un des premiers serait de voir au sein de la société cette grande multitude d'êtres qui, ne pouvant plus rester soldats, ne sauraient pas devenir *citoyens*, quand même ils le voudraient.

Il est vrai que le peuple les craint et dès lors les déteste; mais il ne les déteste pas autant qu'il abhorre le tyran, et surtout autant que cette vile soldatesque le mérite. C'est une vérité qui prouve que, sous la tyrannie, le peuple ne pense ni ne raisonne, car s'il observait qu'aucun tyran ne peut exister sans cette tourbe armée, il les abhorrerait bien davantage; et de cette haine extrême, il arriverait que le peuple parviendrait à détruire beaucoup plus tôt de pareils soldats.

Que l'on ne croie pas qu'il y ait contradiction lorsque je dis que sans soldats le tyran ne pourrait se maintenir, après avoir dit, il y a un moment, qu'ils n'ont pas toujours eu des armées sur pied. En augmentant les moyens d'employer la force, les tyrans ont tellement accru la violence, que si maintenant ces moyens venaient à diminuer, la crainte du peuple diminuant avec eux, la tyrannie peut-être se détruirait tout à fait. Ainsi donc ces armées qui n'étaient pas nécessaires avant qu'on eût franchi certaines limites, et avant que le peuple fût intimidé ou contenu par une force effective et palpable, ces armées, dis-je, deviennent indispensablement nécessaires; car telle est la nature de l'homme, que lorsqu'il a eu devant des yeux une force réelle et qu'il y a cédé, il ne se laisse plus intimider par une force idéale. Ainsi dans l'état présent des tyrannies européennes, elles viendraient immédiatement à cesser, si les armées permanentes venaient à être dissoutes.

Le peuple ne peut donc jamais espérer raisonnablement de voir diminuer ou détruire l'opprobre et la honte perpétuelle de payer et de nourrir ses propres bourreaux, qui, quoique tirés de son sein, oublient aussitôt les liens naturels et sacrés qui les attachent à lui ; mais le peuple a, je ne dis pas l'espoir, mais la certitude pleine et démontrée de se débarrasser lui-même de cet opprobre et de cette oppression toutes les fois qu'il le voudra fortement, et qu'il n'attendra pas d'un autre ce qu'il peut toujours exécuter par ses propres moyens.

Chaque tyran européen tient à sa solde autant, et souvent plus, de ces satellites qu'il ne peut en avoir. Il voit en eux les soutiens de sa puissance ; ils deviennent les objets de son amusement et les causes de son orgueil insensé ; ils sont enfin l'ornement le plus précieux de sa couronne. Entretenus, nourris des sueurs et des jeûnes du peuple, ils sont toujours prêts à en boire le sang au premier signal du tyran. Les différents degrés de considération qu'on accorde aux despotes se mesurent toujours sur le nombre de leurs soldats ; et comme ils ne peuvent pas diminuer la masse de leurs satellites, sans que l'opinion que l'on a de leur puissance ne diminue dans la même proportion, de même qu'une personne abhorrée, voit d'abord s'affaiblir, et ensuite se changer en mépris le respect qu'on lui portait, à mesure que la terreur qui l'environnait vient cesser, on doit croire que les tyrans n'attendront jamais ce mépris manifeste, infaillible précurseur de leur ruine totale, et que toujours ils épuiseront le sang du peuple pour entretenir de nombreuses **armées** et par elles leur injuste puissance.

Les tyrans, longtemps maîtres même de l'opinion publique, ont tenté de persuader à l'Europe, et sont en effet parvenus à persuader aux plus stupides de leurs sujets, ou nobles ou rôturiers, que l'état militaire était le plus honorable de tous.

En portant eux-mêmes la livrée, les distinctions et les attributs militaires ; en feignant de passer par tous les grades de l'armée ; en donnant des prérogatives injustes et insultantes pour les autres classes de la société ; en accordant la supériorité aux militaires sur le pouvoir civil, ils sont parvenus à offusquer tellement, aveugler l'esprit de leurs imbéciles sujets, qu'ils leur ont fait désirer de se livrer à cet exécrable métier.

Mais une seule observation suffit pour anéantir cette ridicule imposture. Je dis au militaire : ou tu regardes les soldats comme les exécuteurs de la volonté tyrannique au dedans, et alors quel honneur peux-tu trouver à exécuter les décrets d'une puissance injuste et sans bornes contre ton père, tes frères, tes parents et tes amis? Ou tu les considères comme les défenseurs de la patrie!... *De la patrie*, c'est-à-dire, de ce lieu où tu es né pour ton malheur, où tu restes par force, où tu n'as ni liberté, ni sûreté, ni propriété inviolable; et alors pourras-tu regarder comme honorable la défense d'un tel pays et du tyran qui continuellement le détruit et l'opprime beaucoup plus que ne pourrait le faire l'ennemi que tu combats? n'est-ce pas empêcher enfin un autre tyran de le délivrer du tien? que peut te prendre ce second tyran que l'autre ne l'ait déjà ravi? Au contraire ce nouveau tyran, par une ruse nécessaire, ne devra-t-il pas te traiter d'abord plus doucement que ton ancien maître?

Je conclus donc, et je dis que partout où il n'y a ni liberté, ni sûreté, il n'y a point de *patrie*; et que partout où il n'y a point de patrie, celui qui porte les armes se livre au plus vil et au plus infâme de tous les métiers. N'est-ce pas vendre alors au plus vil prix sa propre volonté, ses amis, ses parents et son propre intérêt, et la vie et l'honneur, pour la plus honteuse et la plus injuste des causes?

CHAPITRE HUITIÈME

—

De la Religion.

Quelle que soit l'opinion que l'homme s'est faite ou laissé donner des choses qu'il ne comprend pas, telles que l'âme et la divinité, cette opinion, dis-je, est souvent un des plus fermes soutiens de la tyrannie. L'idée que le vulgaire s'est généralement formée du tyran, ressemble tellement à celle que presque tous les peuples ont faussement conçue d'un Dieu, que l'on en pourrait induire que le premier tyran n'a pas été le plus *fort*, comme on a coutume de le supposer, mais bien le plus fourbe et le plus savant dans la connaissance du cœur humain, et dès lors le premier à leur donner une idée quelconque de la divinité. C'est pour cela que parmi la plupart des peuples, la tyrannie religieuse a enfanté la tyrannie civile. Souvent elles se sont réunies sur la tête d'un seul, mais jamais elles n'ont manqué de se prêter des secours mutuels.

La religion païenne, en multipliant sans fin le nombre des dieux, en faisant de l'Olympe une espèce de république, en soumettant Jupiter lui-même aux lois du Destin, en lui faisant respecter les usages et les priviléges de la cour céleste, devait être, et fut, en effet, très favorable à la liberté. La religion judaïque, ensuite les religions chrétienne, mahométane, qui admettent un Dieu seul, maître terrible et absolu de toutes choses, devaient être, ont été et sont toujours beaucoup plus favorables à la tyrannie.

Je passe légèrement sur ces choses, qui ne m'appartiennent pas, et que d'autres ont dites avant moi. Je reviens à mon sujet, et je n'examinerai entre les diverses religions que la nôtre, et seulement par rapport à son influence sur les tyrannies européennes.

La religion chrétienne, qui est celle de presque toute l'Europe, n'est pas, par sa nature, favorable à la liberté; mais la religion catholique se montre tout à fait incompatible avec la liberté : il suffira, je crois, pour prouver la vérité de la première de ces propositions, de démontrer qu'elle n'appelle, n'exhorte, ni ne conduit les hommes à la liberté ; et cependant les hommes devraient recevoir la première impulsion vers un objet si important de la religion elle-même, puisqu'il n'y a rien qui ait tant de pouvoir sur leur âme, qui grave plus fortement dans leur cœur telle ou telle opinion, et qui les excite si puissamment à exécuter de grands desseins.

En effet, dans l'antiquité païenne, Jupiter, Apollon, les Sibylles, les Oracles, commandaient à l'envi aux divers peuples qui les adoraient l'amour de la patrie et de la liberté. Née chez un peuple esclave, ignorant et déjà entièrement subjugué par des prêtres, la religion chrétienne ne sait qu'ordonner la plus aveugle obéissance, et elle ignore jusqu'au nom de la liberté; et le tyran, prêtre ou laïque, est par elle assimilé à un Dieu.

Si on examine de quelle manière elle se propagea, on verra qu'elle pénétrait et se fixait plus facilement sous les tyrannies que dans les republiques. Elle ne put s'établir dans l'empire romain que lorsque la tyrannie militaire eut entièrement détruit la liberté · et à la chute de cet empire, les nations barbares qui d'abord occupèrent, et qui s'établirent depuis dans l'Italie, dans les Gaules, en Espagne et en Afrique, sous leurs divers commandants, embrassèrent peu après la religion chrétienne ; et il me paraît qu'en voici la raison : ces conducteurs d'hommes voulaient rester tyrans, et leurs peuples, habitués à être libres quand ils n'étaient pas en guerre, ne voulaient pas obéir autrement que comme des soldats à leurs capitaines, et jamais comme des esclaves à leurs maîtres. Le christianisme vint se mêler dans cette disparité d'humeurs, comme un moyen par lequel on pouvait persuader au peuple la nécessisé d'obéir, et par lequel on assurait l'empire aux capitaines devenus tyrans dans le cas où ils voudraient accorder aux prêtres une partie de leur autorité. Pour preuve de ce que j'avance, il suffit d'observer que la partie de ces nations du nord restée pauvre, simple et libre dans ses forêts natives, a été le dernier peuple de l'Europe qui reçut la religion chrétienne, plus encore par la violence que par la persuasion.

Le peu de nations éloignées de l'Europe qui la reçurent y furent forcées presque toujours par la crainte et la force, par exemple, comme dans les diverses contrées de l'Afrique et de l'Amérique, mais on peut manifestement conclure du fanatisme féroce avec lequel elle était reçue et embrassée à la Chine, et encore plus au Japon, combien elle eût germé et prospéré sous les tyrannies de ces deux pays. Le trop grand nombre d'abus qu'elle renferme forcèrent, avec le temps, quelques peuples, beaucoup plus sages qu'enthousiastes, à la modérer, en la dépouillant de beaucoup de superstitions funestes ; et ces peuples, distingués ensuite par le titre d'hérétiques, s'ouvrirent par un tel moyen une route à la liberté. Elle revint parmi eux après avoir été longtemps bannie de l'Europe, pour y apporter le bonheur. Les Suisses, la Hollande, quelques villes d'Allemagne, l'Angleterre et l'Amérique, nous prouvent cette vérité. Mais les peuples qui, n'osant pas mettre un frein à cette religion, voulurent la conserver entière, se privèrent pour toujours des moyens de reconquérir leur liberté, lorsque je dis entière, ce n'est pas cependant comme elle avait été prêchée par Jésus, mais telle que l'art, le mensonge et la violence l'avaient défigurée dans la bouche de ses successeurs. Je ne produirai pas maintenant toutes les raisons, mais les principales pour lesquelles il me paraît presqu'impossible qu'un état catholique puisse vraiment devenir libre, ni se conserver tel, en restant catholique.

Le culte des images, la présence réelle dans l'Eucharistie et les autres points dogmatiques ne sont pas certainement ceux qui, crus ou non, influent sur la liberté politique; mais le *pape*, mais l'*inquisition*, le *purgatoire*, la *confession*, le *mariage rendu sacrement indissoluble*, et le *célibat des religieux*, voilà les six anneaux de la chaîne sacrée qui donnent à la chaîne profane une telle force, qu'elle devient plus pesante et plus difficile à rompre. En commençant par la première de ces choses, je dis qu'un peuple qui croit qu'il peut y exister un homme qui représente immédiatement *Dieu*, un homme qui ne peut jamais *errer*, un tel peuple est certainement un peuple stupide; mais si, ne le croyant pas, il vient à être tourmenté, forcé et persécuté par une force supérieure et effective, il arrivera que cette première génération d'hommes croira au pape par crainte, leurs fils par habitude et leurs petits-fils par stupidité. Voilà de quelle manière un peuple qui reste catholique doit nécessairement, par l'influence du *pape* et de l'*inquisition*, devenir le plus ignorant, le plus esclave et le plus stupide des peuples.

Mais, me dira-t-on, les hérétiques croient cependant à la Trinité, et cette Trinité, aux yeux du sens commun, paraît une chose certainement encore plus absurde que celles énoncées ci-dessus; les hérétiques ne sont donc pas moins stupides que les catholiques. Je réponds que les Romains aussi croyaient au vol et au becqueter des oiseaux, ce qui était plus puéril et plus absurde, et cependant les Romains étaient grands et libres, ils ne devinrent stupides et vils que lorsque, dépouillés de leur liberté, ils crurent à l'INFAME DIVINITÉ DE CÉSAR, d'Auguste et des autres tyrans plus méchants qu'eux encore. C'est pourquoi notre Trinité ne pouvant tomber sous les sens, qu'on y croie ou non, elle ne peut influer jamais sur la vie politique. Mais l'autorité plus ou moins grande d'un homme, l'autorité illimitée sur des choses de la plus haute importance, l'autorité qui se cache, qui se couvre du manteau sacré de la religion, entraîne des conséquences bien grandes, des conséquences telles enfin, que tout peuple qui croit ou admet une telle autorité, se rend esclave pour toujours.

Admettre cette autorité sans y croire me paraît une de ces contradictions humaines si répugnantes à la saine raison, qu'elle ne peut durer longtemps; et cette non-croyance étant générale dans presque toute l'Europe catholique, il n'est pas nécessaire d'en parler davantage. Mais les peuples qui admettent l'autorité du pape, parce qu'ils y croient comme nos ancêtres et quelques nations présentes de l'Europe, croient nécessairement ou par crainte, ou par ignorance, ou par stupidité; s'ils croient par ces deux dernières raisons, il est clair qu'une nation stupide et tout à fait ignorante ne peut, dans l'état présent des choses, être libre; mais si la force est la seule cause de la croyance des peuples, qui est-ce qui peut leur inspirer cette crainte? Ce n'est pas certainement l'excommunication du pape, puisqu'ils n'y ont plus de foi. Ce n'est donc que par la force qu'ils sont réduits à feindre une croyance qu'ils n'ont plus. Et par quelle force, par quelles armes? Ce sont la force, les armes et la violence du tyran qui les opprime politiquement et religieusement. Ainsi ces peuples étant forcés de craindre l'oppression de celui qui les gouverne relativement à une chose qu'ils devraient être libres de croire ou de ne pas croire, il en résulte que celui qui les commande est nécessairement tyran, et que les peuples qui sont obligés de céder à une pareille croyance, inspirée par la force, ne sont et ne peuvent jamais être libres. En effet, ni Athènes, ni Sparte, ni Rome, ni les autres républiques libres et éclairées, ne forcèrent jamais les peuples à croire à l'infaillibilité des oracles, et beaucoup moins à se rendre tributaires et aveuglément esclaves d'un sacerdoce étranger.

L'inquisition, ce tribunal affreux, dont le nom suffit pour faire dresser les cheveux d'horreur, subsiste cependant encore, avec plus ou moins de puissance, dans tous les pays catholiques. Le tyran s'en sert à son gré; il augmente ou restreint son autorité suivant le besoin qu'il en a; mais cette autorité des prêtres et des moines, c'est-à-dire de la classe la plus cruelle, la moins soumise aux liens de la société et la plus lâche en même temps, quelle influence pourrait-elle avoir par elle-même? quelle terreur pourrait-elle inspirer aux peuples si le tyran ne l'assistait et ne l'investissait de sa propre force effective? Or, une force qui soutient un tribunal injuste et tyrannique n'est certainement ni juste ni légitime : où règne l'inquisition, règne indubitablement la tyrannie; où domine le catholicisme, l'inquisition existe ou peut exister à tous moments; il est donc impossible qu'un peuple soit tout à la fois et catholique et libre.

Que dirai-je maintenant de la confession ? Je ne dirai pas ce que tout le monde sait bien, que la certitude d'obtenir le pardon de toute espèce d'iniquité, en la confessant seulement, est plutôt un encouragement qu'un frein pour le crime. Je ne parlerai pas de beaucoup d'autres inconvénients, qui dérivent journellement et manifestement de l'usage et de l'abus d'un tel sacrement ; je me contenterai de dire seulement qu'un peuple qui confesse ses actions, ses paroles et ses pensées à un homme, en croyant les révéler par ce moyen à Dieu ; qu'un peuple qui, parmi ses autres péchés, est forcé de confesser, comme un des plus grands, jusqu'au plus petit désir de secouer le joug injuste de la tyrannie, pour se mettre dans une liberté naturelle et discrète ; je dirai qu'un tel peuple ne peut être libre et ne mérite pas de l'être.

La doctrine du purgatoire, en même temps cause et effet de la confession, ne contribue pas peu à appauvrir, et par conséquent à rendre esclave le peuple catholique. Pour racheter de ce lieu d'esclavage leurs pères et leurs parents, ils donnent aux prêtres, dans l'espérance d'en être aussi rédimés par leurs fils ou petits-fils, non-seulement leur superflu, mais encore très souvent leur propre nécessaire. De là la richesse immense des prêtres ; de leur richesse naît leur connivence avec le tyran, et de cette double conjuration la double et universelle servitude. De là le peuple pauvre dans tout gouvernement, devenu plus pauvre encore par le moyen de cette tyrannie catholique, doit devenir tellement abruti, qu'il ne pensera pas et n'osera jamais essayer de se rendre libre. Les prêtres, au contraire, de pauvres qu'ils devraient être, sans mendier cependant, devenus, par le moyen de leur purgatoire, très riches, et par là plus nombreux et plus orgueilleux, sont toujours, dans chaque gouvernement inclinés ou même forcés par leurs richesses immenses et illégitimes à se liguer avec les oppresseurs du peuple, et à devenir eux-mêmes ses oppresseurs pour les conserver.

De l'indissolubilité du mariage, devenu sacrement, il résulte palpablement ce grand nombre de maux politiques, que nous voyons journellement se multiplier sous nos tyrannies. Des mauvais maris, des femmes plus méchantes encore, des pères détestables, des fils dénaturés, et tout cela parce que cette indissolubilité forcée, au lieu de resserrer les liens domestiques et de les adoucir, en les perpétuant, ne fait que les corrompre et les dissoudre entièrement.

Et de même, enfin, que ces mariages que la force a rendus perpétuels ne produisent ni bons maris, ni femmes fidèles, ni pères sensibles, de même aussi les prêtres catholiques condamnés, par la force, à un célibat perpétuel, ne peuvent se montrer ni bons fils, ni bons frères, ni bons citoyens ; car, pour connaître et exercer vertueusement ces trois états, il est trop nécessaire de connaître, par expérience, les tendres sentiments qui doivent naître dans le cœur d'un père et d'un époux.

Des raisons que j'ai exposées jusqu'ici, il me
paraît clairement résulter qu'un peuple catholique, déjà subjugué par la tyrannie, peut
difficilement se rendre libre et rester véritablement catholique. Pour en donner un seul
exemple, choisi parmi tous ceux que je pourrais fournir dans la révolte des Pays-Bas, les
provinces pauvres qui n'avaient pas engraissé
leurs prêtres et qui avaient pu se faire hérétiques restèrent libres; celles qui étaient riches, surchargées d'abbés, d'évêques et de
moines, restèrent catholiques et esclaves.
Voyons maintenant si un peuple qui se trouve
tout à la fois libre et catholique peut se maintenir longtemps l'un et l'autre.

Il est certainement très difficile de croire
qu'un peuple sujugué par toutes les erreurs
politiques qui sont commandées par le catholicisme puisse jouir de la liberté politique;
mais quand même il en jouirait, la conservation en devient pour lui une chose impossible.
Un peuple qui croit à l'autorité infaillible et
illimitée du pape est déjà entièrement disposé
à croire à celle d'un tyran, qui joint à des forces plus réelles et plus effectives celle des ex-
communications de ce même pape. Comment
ne le persuadera-t-il pas ou ne le forcera-t-il
pas à obéir à lui seul dans les choses politiques, comme il obéit au pape en matière de
religion? Un peuple qui tremble sous l'inquisition, à bien plus forte raison doit trembler sous
les armes qui prêtent leur force à l'inquisition.
Un peuple qui se confesse de cœur peut-il ne
pas être toujours l'esclave de celui qui peut
ou non l'absoudre? Je prétends même que, s'il

n'y avait pas de tyran *laïque*, bientôt il en sortirait un de la classe même des prêtres; *mais dans tous les cas, les prêtres seront toujours près à approuver et à défendre le tyran qui s'élèvera, dans l'espoir d'obtenir de lui, en échange de leurs secours, le droit de tromper les peuples.* — Une chose qui se prouve par des faits, c'est que, dans les demi-républiques italiennes, les prêtres ont moins concentré de pouvoir et de richesses que sous la tyrannie absolue d'un seul. Un peuple enfin où les chefs de famille se dépouillent de leurs biens au détriment de leurs parents, même de leurs enfants, pour enrichir des prêtres célibataires, doit devenir, avec le temps, tellement pauvre et misérable, qu'il sera la proie de quiconque voudra le conquérir ou le rendre esclave.

Je ne sais si l'on doit au sacerdoce la première invention de respecter le despotisme politique comme une chose *sainte* et *sacrée*, ou bien si le despotisme a créé cette idée en faveur du sacerdoce. Quoi qu'il en soit, cette idolâtrie réciproque et mensongère est très ancienne, puisque nous voyons dans l'Ancien Testament, les prêtres et les rois se donner tour à tour le titre de *sacrés;* mais jamais ces deux races usurpatrices n'ont appelé *sacrés* les droits naturels et incontestables des sociétés humaines. La vérité est que presque tous les peuples de la terre ont été, sont et seront peut-être malheureusement toujours pressés et dominés par ces deux classes d'hommes, qui, quoique se reconnaissant réciproquement pour iniques et oppressives, n'en continuaient pas moins à se faire respecter comme sacrées.

Leurs crimes ont été quelquefois dévoilés; le peuple les a souvent abhorrées, mais hélas! il les a toujours adorées comme divines.

Une vérité bien reconnue, c'est que dans notre siècle les catholiques actuels ne croient que très peu au pape, que l'inquisition religieuse a perdu beaucoup de sa force, qu'il n'y a plus que les idiots qui se confessent, qu'on n'achète plus désormais d'indulgence, sinon de quelques voleurs religieux et vulgaires. Mais à présent, chez les catholiques, la milice, la seule milice, tient facilement lieu et du pape, et de la confession, et des aumônes du purgatoire, etc., c'est-à-dire que le tyran obtient maintenant par la terreur qu'inspirent ses nombreuses armées les mêmes effets qu'il obtenait ci-devant de la superstition et de l'ignorance absolue de ses peuples. Peu lui importe à présent qu'on croie ou qu'on ne croie pas en Dieu; il suffit au tyran qu'on croie en lui, et, *pour aider* à cette croyance, plus avilissante et bien moins consolante pour nous, il emploie la *persuasion* qui résulte des armées permanentes qu'il solde à nos dépens.

Il y a cependant encore en Europe quelques tyrans qui, pour couvrir leurs œuvres du masque de l'hypocrisie, se déclarent les soutiens de la religion, soit pour se faire passer pour pieux, soit pour plaire à la majorité qui, jusqu'à présent, y croit encore et la respecte. Tout tyran prudent et rusé doit se conduire ainsi, soit pour ne pas se priver, par une incrédulité inutile, de cette branche précieuse de l'autorité absolue qui naît de la fureur des prêtres dirigée par lui, et, *vice versa,* de la

sienne dirigée par eux ; soit qu'il craigne, en
se conduisant autrement, qu'un fanatique religieux ne vienne à remplir les devoirs d'un
fanatique de la liberté, et ces fanatiques religieux sont moins rares, beaucoup plus auda-
cieux que les autres. Pourquoi les fanatiques
de la liberté sont-ils plus rares? C'est que le
nom de la religion est dans toutes les bou-
ches, tandis que celui de la liberté n'est que
dans celles d'un petit nombre et presque
dans le cœur de personne.

Le plus sublime et le plus utile de tous les fa-
natismes, celui qui produirait des hommes plus
grands que tous ceux qui ont existé, serait le
fanatisme qui créerait et propagerait une religion dont le Dieu ordonnerait, sous les peines
futures et présentes les plus graves, à tous
hommes d'être libres. Mais les hommes qui
soufflaient le feu du fanatisme dans le cœur
des autres n'étaient presque jamais fanatiques eux-mêmes, et ils avaient trop d'intérêt
à leur annoncer une religion et un Dieu qui
commandassent sévèrement aux hommes
d'être esclaves.

CHAPITRE NEUVIÈME

—

Des tyrannies anciennes, comparées aux tyrannies modernes.

Les mêmes causes ont certainement, en tous temps et tous lieux, avec très peu de différence, produit les mêmes effets. Tous les peuples très corrompus ont toujours été soumis à des tyrans, parmi lesquels il y en a eu de *très méchants*, *de méchants*, *de médiocres* et *même de bons*. Dans les temps modernes, les Caligula, les Néron, les Denys et les Phalaris, etc., sont très rares; et quand même ils naîtraient parmi nous, ils devraient se couvrir d'un masque tout différent. Les peuples modernes sont de beaucoup moins féroces que les peuples anciens; il arrive de là que la férocité du tyran est toujours en proportion de celle des sujets qu'il gouverne.

Nos tyrannies, en outre, diffèrent beaucoup des anciennes, quoique la milice en ait été également le nerf, la raison et la base. Je ne crois pas que la différence que je vais rapporter ait été observée jusqu'ici. Presque toutes les anciennes tyrannies, et principalement la tyrannie impériale des Romains, naquirent et se maintinrent par le moyen de la force militaire établie, sans le moindre respect, sur la ruine totale de toute puissance antérieure, civile et légale. Les tyrannies modernes, au contraire, se sont élevées en Europe et se sont corroborées par le moyen d'un pouvoir militaire et violent, mais qui semblait sortir pour ainsi dire d'un pouvoir civil et légal qui se trouvait déjà établi chez ces peuples. Les motifs de défense contre un autre État en étaient les prétextes plausibles ; la conséquence en devenait plus sourdement tyrannique que chez les anciens ; mais elle est restée aussi plus funeste et plus durable, parce qu'elle se cachait, en tout, sous le vêtement idéal d'une puissance civile et légitime.

Les Romains étaient élevés au milieu du sang ; leurs cruels spectacles, qui, dans les temps de la république, les rendaient vertueusement féroces, ne les rendirent pas moins sanguinaires lorsqu'ils eurent cessé d'être libres. Néron, Caligula, etc., etc., massacrèrent leurs mères, leurs femmes, leurs frères et quiconque leur déplaisait ; mais aussi Caligula, Néron et leurs semblables ne moururent que par le fer. Nos tyrans ne tuent jamais ouvertement leurs parents, rarement ils versent, *sans nécessité*, le sang de leurs sujets, si ce n'est avec les formes de la justice : mais aussi nos tyrans meurent toujours dans leur lit.

Je ne nierai pas que la religion chrétienne n'ait contribué beaucoup à adoucir les mœurs générales, quoique, depuis Constantin jusqu'à Charles VI, on puisse lire tant de traits d'une férocité basse, stupide et ignorante dans l'histoire des peuples de ces temps intermédiaires; que, certes, ils ne méritaient pas qu'on l'écrivît. Néanmoins, on doit attribuer en partie à l'influence de la religion chrétienne cet adoucissement universel des mœurs, cette urbanité sous une tyrannie diversement modifiée. La plupart du temps, ignorant et superstitieux, et toujours lâche, le tyran se confesse comme les autres; et, quoiqu'il reçoive toujours l'absolution des vexations, des injustices qu'il fait éprouver à ses sujets, il ne serait peut-être pas absous s'il venait à faire tuer sa mère ou ses frères, ou s'il faisait mettre à feu et à sang une de ses provinces ou de ses villes; et, dans ce cas, il n'obtiendrait cette absolution qu'en rachetant, à un prix excessif et par sa soumission totale aux prêtres, l'énormité peu commune d'un tel crime.

Je laisse à celui qui voudra comparer les effets des tyrannies anciennes avec ceux des tyrannies modernes le soin de décider si c'est un bien ou un mal que les mœurs, en s'adoucissant, aient rendu les tyrannies moins féroces, mais en même temps plus sûres et plus durables que les anciennes. Quant à moi, ne voulant en parler qu'en passant, je dirai que de nos jours un Néron peut naître difficilement, et exercer sa tyrannie: mais que plus difficilement encore, il peut naître un Brutus pour servir le bien public de sa tête et de son bras.

CHAPITRE DIXIÈME

—

Du faux honneur.

Si les tyrannies anciennes ressemblent aux modernes en ce qu'elles ont également la peur pour base, la milice et la religion pour moyens, les modernes diffèrent en quelque chose des anciennes, en ce qu'elles ont dans le faux honneur et dans la noblesse héréditaire un soutien qui peut les faire durer éternellement. Je vais donc parler de ce faux honneur. — Je réserverai un chapitre à part pour la noblesse, *qui le mérite bien à tous égards.*

L'honneur, ce nom déjà tant de fois défini par tous les peuples, et dans tous les temps si diversement interprété, est à mon avis indéfinissable, je l'établirai simplement par ces mots : *le désir et le droit d'être honoré par le plus grand nombre,* et je distinguerai le faux du vrai en appelant faux ce désir d'honneur qui n'a pas pour motif et pour base la vertu de celui qui veut être *honoré,* et l'utilité véritable de ceux qui *honorent.* J'appellerai véritable, au contraire, ce désir d'honneur qui ne se fonde sur d'autre base et d'autre raison que la pratique nécessaire de la vertu. Ces principes posés, examinons quel est l'honneur sous les tyrannies, qui le professe, à qui il sert, de quelle vertu il prend naissance, et quel est le bien et l'utilité qui en résultent.

L'honneur, sous la tyrannie, se vante lui-même, comme la seule impulsion légitime qui détermine tous ceux qui prétendent ne point agir par PEUR. Le tyran n'est pas fâché de voir que la peur, cachée sous un autre nom, produise néanmoins à son profit les mêmes effets et de plus grands encore ; il doit donc seconder par tous ses moyens cette vulgaire opinion. Avec le simple nom d'honneur qu'il a toujours sur les lèvres, il réussit à déterminer ses sujets à des entreprises grandes et courageuses, qui seraient vraiment honorables si elles n'étaient faites pour son seul avantage et contre l'intérêt public. Mais si l'honneur veut dire : *le droit d'être vraiment honoré des hommes bons et honnêtes, comme utile à la* société, *et si la vertu seule peut être la base d'un tel droit,* comment le tyran ose-t-il proférer un tel nom ? Ses sujets le répètent d'après lui ; mais si leurs désirs et leurs droits à l'honneur se fondaient sur la pratique de la véritable vertu, pourraient-ils servir un tyran, lui obéir et le défendre lorsque son essence est de nuire à *tous ?* Et nous-mêmes, esclaves modernes, lorsque nous voulons rappeler à la mémoire les noms justement honorés depuis plusieurs siècles par des peuples divers, et qui connaissent le véritable honneur, faisons-nous mention d'un Miltiade, d'un Thémisto-cle, d'un Régulus, ou bien d'un Spitridate, d'un Séjan, ou quelque autre fier esclave d'un tyran ? Nous-mêmes donc. et sans nous en apercevoir, en honorant au suprême degré ces hommes libres, grands, justement honorables et honorés, nous prouvons manifestement que le véritable honneur était celui qu'ils connaissaient, et que le nôtre, qui lui est en tout opposé, est *le faux*, puisque nous oublions la mémoire de ces prétendus grands par la tyrannie.

Mais si l'honneur, sous les tyrannies, est vraiment le faux honneur, et si, en s'identifiant avec la peur, il devient le principal ressort d'un tel gouvernement, il doit en résulter, et il en résulte en effet de faux principes et de très fausses conséquences. L'honneur ordonne, sous la tyrannie, que jamais on ne manque de foi au tyran. Dans la république, l'honneur impose comme un devoir de tuer quiconque veut se faire tyran. Pour juger lequel de ces deux honneurs est le véritable, examinons un peu quelle est la foi que l'esclave ne doive pas violer envers le tyran. Rompre la foi donnée est une chose qui doit déshonorer l'homme sous toute espèce de gouvernement ; mais cette foi doit être librement jurée, point arrachée par la violence, point maintenue par la terreur, point illimitée, point aveugle, point héréditaire, et, sur toute chose, cette foi doit être réciproque. Chaque tyran moderne, en posant sur son front la couronne de son père, a aussi juré une foi quelconque à ses sujets, qui, déjà annulée et violée par ce père, le sera doublement et également par lui. Le tyran est donc, de nécessité, toujours le premier à être parjure et déloyal. Il est donc le premier à fouler aux pieds son propre honneur, et avec lui toute autre chose. Et ses sujets perdraient leur honneur en rompant la foi qu'un autre a déjà manifestement détruite? La prétendue vertu en ce cas, assez fréquente dans les tyrannies, est donc directement en opposition avec le véritable honneur, puisque, si un individu manque de foi à un autre, l'honneur même des tyrannies impose de la lui faire observer par force et de venger par ce moyen le mépris qu'il a montré en violant la foi qu'il avait jurée. Il est donc prouvé que l'honneur qui commande de conserver respect, amour et foi à qui ne conserve pas ou ne peut impunément conserver aucune de ces trois choses à personne, est le faux honneur. De ce faux honneur naît ensuite la conséquence, plus fausse encore, qu'on doit croire légitime, inviolable et sacrée cette autorité que l'honneur même force à maintenir et à défendre.

C'est de cette manière que, sous la tyrannie, les noms de toutes les choses se dénaturent et se confondent, et que les caprices du tyran, rédigés et intitulés du nom sacré de lois, se respectent et s'exécutent comme telles. C'est ainsi qu'on donne ridiculement le nom de patrie à cette terre où l'on reçoit le jour sous la tyrannie, parce qu'on ne pense pas qu'il n'y a réellement de patrie que lorsque l'homme exerce librement, sous la protection de lois invariables, les droits sacrés que la nature lui a donnés. C'est encore ainsi que, sous la tyrannie, on ose donner le nom de Sénat à un assemblage informe de vieillards choisis par le prince, revêtus de pourpre et spécialement savants dans l'art de la servitude (1). C'est ainsi enfin que, dans la tyrannie, on appelle du nom sacré d'honneur l'impossibilité démontrée d'être justement honoré par les bons comme d'être utile à la société.

Mais pour nous assurer davantage que notre honneur n'est pas le véritable, comparons-le un peu plus précisément à celui des républiques antiques, dans ses causes, dans ses moyens et dans ses effets, et alors nous rougirons bientôt de proférer un tel nom; et en disant que nous ne connaissons pas toute sa valeur, nous excuserions du moins par une telle ignorance une grande partie de notre infamie. L'honneur antique commandait aux peuples libres de sacrifier leur vie pour la liberté, c'est-à-dire pour le plus grand avantage de la société. L'honneur moderne nous ordonne de donner la vie pour un tyran, c'est-à-dire pour celui dont l'essence est de nuire à tous. Il voulait, cet antique honneur, que les injures privées cédassent toujours devant les injures publiques. L'honneur moderne veut qu'on passe sous silence les injures publiques, et qu'on venge cruellement les injures privées. Le premier voulait que ses adorateurs conservassent amour et foi inviolables à la patrie seule, le nôtre seulement au tyran ; et je ne finirais pas si je voulais faire voir combien les préceptes de l'un et de l'autre sont différents entre eux.

Mais les moyens pour être honoré non moins

____

(1) Peut-on déshonorer ainsi la gloire de ces anciens sénateurs romains, de ces défenseurs de la liberté, en donnant leurs noms aux défenseurs de la tyrannie?

des peuples esclaves que des peuples libres, sont toujours le courage et une certaine vertu; avec cette grande différence, au moins, que l'honneur dans les républiques, dégagé de toute espèce d'intérêt particulier, se sert de récompense à lui-même. Dans les tyrannies, cet honneur, employé au service du tyran, est toujours souillé par la faveur ou les récompenses, et ces récompenses, plus ou moins distribuées par le prince, accroissent, diminuent, ou même, lorsqu'elles sont refusées totalement, éteignent tout à fait l'honneur dans le cœur de ses esclaves. Les conséquences de ces deux honneurs bien différents sont très faciles à déduire. Liberté, grandeur d'âme, vertus domestiques et publiques, le titre et l'heureux état de citoyens, voilà quels étaient les doux fruits de l'honneur antique. Tyrannie, férocité inutile, vile cupidité, esclavage et crainte, voilà incontestablement quels sont les fruits amers de l'honneur moderne. Les Grecs et les Romains étaient enfin les enfants de l'honneur véritable et bien dirigé. Tous les peuples actuels de l'Europe (excepté les Anglais) sont les fils du faux honneur moderne. En comparant entre eux ces peuples, les différents degrés de bonheur et de puissance qu'ils ont acquis, les grandes choses qu'ils ont faites, la renommée qu'ils obtiennent et celle qu'ils méritent, on parvient à avoir une mesure juste et parfaite de ce que peut dans le cœur de l'homme l'amour sublime du véritable honneur, surtout lorsque ce désir ardent est bien dirigé et nourri par un gouvernement sage et libre, ou bien lorsqu'il est diminué et entravé par un gouvernement tyrannique.

« Mais, me dira-t-on, que le principe soit bon ou mauvais, le sacrifice que l'on fait de sa vie pour maintenir la foi donnée, en l'exposant pour venger des injures privées, tout ceci suppose certainement une grande vertu. » Je ne nie pas que, sous les tyrannies, il n'y ait beaucoup de personnes nées pour la vertu, et capables de l'exercer. Je regrette seulement de voir cette vertu faussement employée à soutenir et défendre ce vice, et par là, à se dénaturer et à se détruire elle-même. Et quel est l'écrivain politique qui osera appeler vertu un effort, quelque grand qu'il soit, qui, au lieu de servir au bien public, doit produire le mal général et la prolongation des malheurs publics?

Mais pourquoi donc ces hommes si pleins de courage et de faux honneur prodiguent-ils leur vie pour le tyran ? Pourquoi ne la sacrifient-ils pas, cette vie, avec plus de raison et de vertu, pour lui arracher la tyrannie ; et quelle valeur inutile, puisqu'il n'en résulte aucun bien que cette valeur farouche avec laquelle, sous la tyrannie, on venge ses offenses privées ? Pourquoi ne l'emploie-t-on pas tout entière contre le tyran, qui ne cesse pas un moment d'outrager la société de la manière la plus épouvantable? Et cette foi aveugle que l'on conserve si opiniâtrement envers l'ennemi de tous, pourquoi ne la jurerait-on pas , et ne la conserverait-on pas avec la même ténacité et une vertu plus éclairée pour le maintien des droits sacrés de l'homme, si souvent violés?

Il est donc évident que, sous la tyrannie, les

individus sont réduits, quelque impulsion qu'ils aient reçue de la nature vers les grandes choses, à suivre les lois du faux honneur, toutes les fois qu'ils ne sauront pas et qu'ils n'oseront fouler aux pieds l'honneur moderne, pour se revêtir de la dignité de l'honneur antique.

CHAPITRE ONZIÉME

—

De la noblesse

Il y a une certaine classe de gens qui fait preuve et se vante avec orgueil d'être *illustre* depuis plusieurs générations, quoique depuis ce temps, elle reste dans une oisive inutilité. Elle s'appelle la noblesse ; on doit la regarder, ainsi que le sacerdoce, comme un des plus grands obstacles à la liberté et un des soutiens les plus permanents et les plus féroces de la tyrannie.

Et quoique quelques républiques très libres, Rome par exemple, eussent dans leur sein cette caste privilégiée, il faut observer qu'elles l'avaient déjà quand elles s'élevèrent de la tyrannie à la liberté ; que cette caste était toujours la plus dévouée aux Tarquins expulsés, et que les Romains ensuite n'accordèrent la noblesse qu'à la seule vertu ; qu'il fallut toute la constance et toutes les vertus civiques de ce peuple pour empêcher, pendant plusieurs années, les patriciens de relever la tyrannie ; et qu'ensuite, après une longue et vaine résistance, le peuple, croyant lui porter le dernier coup, finit par être subjugué par elle. Les Césars, enfin, étaient des patriciens qui, sous le masque des Marius, feignirent de venger le peuple contre les nobles, et les asservirent l'un et l'autre.

Je dis donc que les nobles existants dans les républiques lorsqu'elles se constituent, tôt ou tard, finiront par les détruire et les plonger dans l'esclavage, quoique d'abord ils ne paraissent pas plus puissants que le peuple. Mais dans une république où il n'y a pas de nobles, un peuple libre ne doit jamais créer dans son sein un si fatal instrument de servitude; il ne doit jamais détacher de la cause commune aucun individu, et encore moins en séparer à perpétuité aucune classe de citoyens. D'un autre côté, cependant, un certain nombre d'hommes, supérieurs aux autres par leurs connaissances et par leurs vertus, pouvant être très utile pour exciter l'émulation et pour discuter les affaires publiques, un peuple libre pourrait l'établir et le nommer lui-même pour un temps ou à vie, mais jamais héréditaire; ce corps pourrait alors opérer dans la république le bien que la noblesse, en supposant qu'elle en fasse, ne peut y faire sans y ajouter les maux qu'elle y produit tous les jours.

Plus l'homme possède et plus il désire lorsqu'il est à même d'obtenir; c'est une des propriétés de sa nature. Les nobles héréditaires ayant la suprématie et les richesses, il ne leur manque autre chose qu'une plus grande autorité, et dès lors ils ne pensent qu'à l'usurper. Ils ne le peuvent pas par la force, parce qu'ils se trouvent en trop petit nombre relativement au peuple; c'est donc par la ruse, par la corruption et par la fraude, qu'ils tâchent de l'envahir, mais soit qu'ils s'accordent entre eux, et que, par envie l'un de l'autre, l'auto-

*r*ité usurpée reste dans les mains de tous, et voilà alors la tyrannie aristocratique *créée;* ou bien que parmi ces nobles il s'en trouve un plus adroit, plus vaillant et plus criminel que les autres qui, trompant les uns, persécute ou détruit les autres, et, feignant de prendre le parti ou la défense du peuple, devient le maître absolu de tous; voilà l'origine de la tyrannie d'un seul, et comment cette tyrannie prend toujours sa source dans la suprématie héréditaire d'un petit nombre.

La tyrannie portant avec elle-même nécessairement la lésion et le préjudice de la majorité, elle ne peut jamais être créée ou être exercée par *tous,* qui certainement ne voudront jamais la lésion et le préjudice d'eux-mêmes.

Je conclus donc, quant à la noblesse héréditaire, que les républiques dans lesquelles elle est déjà établie ne peuvent se maintenir libres *d'une véritable liberté politique,* et que cette véritable liberté ne pourra jamais s'établir à la place de la tyrannie, ou s'y maintenir après son établissement, tant qu'il y aura des nobles héréditaires, et les peuples esclaves, dans leurs révolutions, ne feront que changer de tyran toutes les fois qu'ils ne détruiront pas avec lui cette noblesse.

C'est ainsi qu'à Rome, après la chute des Tarquins et l'éloignement des dangers communs, les patriciens restant plus puissants que le peuple, elle ne fut vraiment libre et grande qu'à la création des tribuns du peuple. Cette magistrature populaire, combattant à forces égales la puissance patricienne et se trouvant assez forte pour l'arrêter sans la détruire tout à fait, elle forçait les nobles à rivaliser de vertu avec le peuple. Il en résulta pendant longtemps le bien universel; mais le germe destructeur restait toujours dans le sein de la république, et, après l'accroissement général de la puissance et de la richesse, l'orgueil et la corruption des nobles se développèrent avec plus de force, et ces hommes dépravés détruisirent en peu de temps la république.

Machiavel observa le premier, avec la profondeur et la sagacité qui lui sont communes, ce que Montesquieu a développé après, avec un peu plus d'ordre, que cette rivalité entre la noblesse et le peuple avait été pendant plusieurs siècles le nerf, la cause de la grandeur et de la vie de Rome. Mais la vérité sacrée commandait aussi à ces deux grands hommes de dire que ces dissensions mêmes avaient été la cause de sa ruine. Ils devaient rechercher avec soin comment et pourquoi cette ruine avait été amenée. Je suis persuadé que si ces deux grands penseurs avaient voulu ou osé pousser un peu plus loin leurs raisonnements profonds, ils auraient assigné indubitablement à la noblesse héréditaire les premières causes de la ruine entière de la république, parce que si les dissensions ou, pour mieux dire, la disparité des opinions sont nécessaires dans une république pour y maintenir la vie et la liberté, il faut convenir que la disparité d'intérêts devient très funeste, et, par nécessité, mortelle toutes les fois que l'un des deux intérêts parvient à l'emporter sur l'autre.

Or, il me paraît incontestable que toute suprématie héréditaire d'un petit nombre doit faire naître par force, dans ce petit nombre, un intérêt de conservation et d'envahissement tout à fait différent et opposé à l'intérêt de tous. Et voici le vice radical par lequel, toutes les fois que dans un Etat il y aura une classe de nobles et de prêtres tout à fait séparée du peuple, ces deux classes causeront le scandale, la corruption et la ruine de tous; et les nobles étant héréditaires seront encore plus funestes que les prêtres, qui ne sont qu'électifs. Mais, pour dire la vérité, les prêtres, avec leurs maximes impolitiques et héréditaires, que chaque individu semble recevoir avec la robe et l'encensoir, savent bien égaler les nobles dans le mal qu'ils causent à la république. Ajoutez à cela que, pour perfectionner les moyens de nuire avec plus de succès, les premières dignités sacerdotales sont remises exclusivement dans les mains des nobles; d'où il résulte que les prêtres sont doublement les ennemis du bien public.

Et quoiqu'en Angleteterre il y ait encore maintenant et des nobles et la liberté, je ne changerai rien cependant à mon premier sentiment. Que l'on observe d'abord qu'en Angleterre les anciens nobles ont presque tous été détruits dans les révolutions sanglantes et réitérées de ce pays, et que les nouveaux, sortis depuis peu de la classe du peuple par la faveur du roi, ne peuvent, dans un pays libre, après une ou deux générations, se revêtir d'orgueil et de mépris du peuple, dans le sein duquel ils ont encore leurs parents et leurs amis, de cet orgueil qu'ils suçaient avec le lait, ces nobles anciens, entièrement détachés du peuple, dont ils ont été longtemps les oppresseurs et les tyrans. Que l'on remarque, en outre, que les nobles, en Angleterre, pris séparément, sont moins puissants que le peuple, et que, réunis avec le peuple, ils sont plus que le roi ; mais que, quoique unis avec le roi, ils ne sont cependant jamais plus que le peuple. Il faut observer de plus que, si la république anglaise paraît en quelque chose plus solidement constituée que la république romaine, c'est dans la dissension permanente et vivifiante allumée, non entre les nobles et le peuple, comme à Rome, mais entre le peuple et le peuple, c'est-à-dire entre le ministère et le parti de l'opposition. Cette opposition n'étant pas produite par une disparité d'intérêts héréditaires, mais seulement par une différence passagère d'opinions, elle sert beaucoup plus qu'elle ne nuit, puisque personne n'est tellement enchaîné à un parti qu'il ne puisse facilement passer dans le parti contraire ; aucun des deux partis n'ayant des intérêts constamment opposés et incompatibles avec le véritable bien de tous. Une noblesse donc aussi adroitement tempérée que celle d'Angleterre est beaucoup moins nuisible que toute autre ; mais pour la rendre vraiment utile à la société, il faudrait qu'elle ne fût pas héréditaire. Une classe d'hommes choisis parmi les plus vertueux et par les suffrages libres de tous, pour être membres inamovibles du gouvernement, deviendrait honorable et justement honorée ; une généreuse émulation de vertus'allumerait parmi les concurrents qui se présenteraient pour en faire partie. Mais si malheureusement une telle classe, quoique établie par des suffrages libres et bien dirigés, finissait par devenir héréditaire, il arriverait toujours que tout individu anglais qui serait créé noble héréditaire entraînerait avec lui, par ce moyen, une race tout entière détachée de l'intérêt commun, ennemie du bien de tous, et privée de toute émulation pour les grandes choses. Il arrive de là que les nobles en Angleterre, quoiqu'un peu moins nuisibles que sous la tyrannie, pouvant être multipliés par le roi, à sa volonté et sans bornes, venant à se croire supérieurs au peuple, étant plus riches, plus paresseux et beaucoup plus corrompus que le peuple, il arrive de là, dis-je, que les nobles en Angleterre seront, dans tous les temps, beaucoup plus inclinés à l'autorité du roi, qui les a créés, et ne peut les supprimer, qu'à l'autorité du peuple, qui ne les a pas créés et qui pourrait bien les détruire. C'est pourquoi, en Angleterre comme partout ailleurs, les nobles seraient ou sont déjà les destructeurs de la liberté, à moins qu'ils ne soient auparavant comprimés par le peuple. Mais la république n'étant pas mon sujet, j'ai peut-être parlé trop longuement de la noblesse dans les républiques. Je dois donc maintenant m'étendre davantage sur les effets de la noblesse dans les tyrannies modernes.

Après la destruction de l'empire romain, les provinces se trouvèrent divisées entre divers peuples; une infinité de petits Etats se formèrent des débris de cet empire immense, et une nouvelle forme de gouvernement, jusqu'alors inconnue, prit naissance. Plusieurs petits tyrans rendaient hommage à un seul, supérieur à tous, et tenaient, sous le titre de *feudataires*, leurs différents peuples dans l'oppression et la servitude. Quelques-uns de ces petits tyrans feudataires devinrent si puissants, que, levant l'étendard de la rébellion contre leurs souverains, ils se formèrent des Etats séparés et distincts ; c'est de la race de ces petits seigneurs que descendent la majeure partie des tyrans actuels de l'Europe ; et par un mouvement contraire, plusieurs des tyrans souverains devinrent assez puissants, avec le temps, pour détruire ou chasser tout à fait ces tyrans secondaires, et rester eux-mêmes les seuls souverains. Quoi qu'il en soit, le passage de l'autorité des petits tyrans à celle du grand ne diminua pas le poids des chaînes du peuple. Il est vraisemblable, au contraire, qu'après avoir agrandi et assuré leurs Etats, les grands tyrans ayant moins de mesures à garder pour conserver une puissance plus illimitée, et moins d'ennemis à craindre, ils devinrent avec plus d'assurance et d'impunité les oppresseurs de leur misérable troupeau d'esclaves.

Autant ces nobles feudataires avaient été à craindre pour le tyran, tant qu'ils avaient conservé de la force et de l'autorité, autant ils avaient été un obstacle et un frein à la tyrannie complète d'un seul ; autant ensuite ils en devinrent la base et le soutien lorsqu'ils furent dépouillés de la force et de l'autorité. Les grands tyrans se servirent d'abord du peuple lui-même pour abaisser les petits seigneurs; et le peuple, qui avait tant d'injures à venger, servait volontiers l'animosité de ce seul tyran contre le grand nombre de tyrans inférieurs. Alors tel de ces tyrans subalternes se rendit au tyran par capitulation, et tel autre tourna ses armes contre lui; mais, soit qu'ils aient capitulé, soient qu'ils aient été vaincus, tous, ou au moins la plus grande partie, furent subjugués avec le temps. Le mal qui résultait de cette tyrannie féodale et secondaire ne cessa pas : la servitude du peuple ne fut point diminuée; la seule force du tyran s'accrut avec son autorité. Les tyrans alors sentirent la nécessité de conserver, entre eux et le peuple, une classe qui parût un peu plus puissante que le peuple et beaucoup moins puissante qu'eux. Ils s'aperçurent très bien qu'en distribuant à ces tyrans dépouillés tous les honneurs et toutes les charges, ils deviendraient, avec le temps, les soutiens les plus sûrs et les plus féroces de leur tyrannie.

Les tyrans ne se trompèrent pas dans leur espérance. Les nobles dépouillés de toute leur force et de leur autorité, sans l'être entièrement de leurs richesses et de leur orgueil, s'aperçurent clairement que, sous la tyrannie, ils ne pouvaient continuer à être supérieurs au peuple s'ils ne faisaient rejaillir sur eux les rayons de la puissance. L'impossibilité de reconquérir leur antique puissance les força de plier leur ambition aux temps et à la nécessité. Que pouvaient espérer les nobles, pour changer leur situation, d'un peuple qui n'avait pas oublié leurs anciennes oppressions;

d'un peuple qui les abhorrait, parce qu'il les croyait encore trop puissants pour lui; d'un peuple enfin trop avili pour les secourir, quand même ils le voudrait? Que firent alors les nobles? Il se jetèrent entièrement dans les bras du tyran, qui, ne pouvant les craindre désormais, et voyant combien ils pouvaient être utiles au développement de la tyrannie les choisit pour en être les soutiens et, en même temps, les dépositaires.

Et voilà cette noblesse que l'on voit tous les jours dans les gouvernements tyranniques de l'Europe. si insolente avec le peuple et si vile ensuite aux pieds du tyran. Cette classe est toujours la plus corrompue; c'est pourquoi elle est le principal ornement des cours; mais elle est aussi l'apôtre de la servitude et l'objet du juste mépris des hommes qui pensent. Si les nobles ont dégénéré de la fierté de leurs ancêtres; ils sont les premiers inventeurs de toute flatterie et de la plus vile prostitution à tous les caprices du tyran; ils n'ont rien perdu de leur orgueil et de leur cruauté envers le peuple. On dirait que, plus irrités par la puissance effective qu'ils ont perdue, ils cherchent à le frapper par tous les moyens qu'ils peuvent inventer, avec les verges mêmes du tyran; et lors même que ce tyran veut l'empêcher (ce qui arrivait rarement avant qu'il y eût des armées permanentes), ils ne manquent jamais de faire sentir au peuple en particulier tout le poids de leur despotisme.

Depuis l'établissement des armées perpétuelles en Europe, les tyrans, se voyant armés et puissants par eux-mêmes. ont commencé à faire beaucoup moins de cas de la noblesse, et à la soumettre non moins que le peuple à la justice, quand il leur plaisait, ou quand il leur était utile de le faire. Les vues politiques du tyran, en voulant se montrer impartial envers les nobles, ont été de regagner l'affection du peuple et de rejeter sur les nobles l'aversion qu'il avait pour les gouvernements précédents; et je suis incliné à croire que si le tyran pouvait aimer une classe quelconque de ses sujets, supposé que les nobles et le peuple soient également vils et obéissants, il serait disposé d'aimer le peuple, quoiqu'il sentît toujours néanmoins que, pour le tenir en respect, il a toujours besoin de la digue naturelle de la noblesse, c'est-à-dire des plus riches et des plus puissants; je donnerais volontiers pour cause de ce demi-amour, ou de cette haine modifiée du tyran pour le peuple la raison suivante.

Quelles que soient l'ignorance et la mauvaise éducation de la noblesse, elle a cependant, comme moins opprimée et plus à son aise que le peuple, plus de moyens et de temps pour réfléchir plus que lui. Elle approche le tyran de plus près; elle peut en étudier et en connaître, beaucoup plus que le peuple, le caractère, les vices et la nullité. Si l'on ajoute à cette raison le besoin que le tyran croit avoir quelquefois des nobles, on verra facilement quel est le motif de la haine naturelle qu'il conserve contre eux dans son cœur, car le tyran ne doit pas vouloir que l'on pense, et doit voir avec peine quiconque peut l'observer et le connaître.

C'est dans cette haine intérieure que prend sa source cet étalage de popularité dont les tyrans modernes se font un mérite ; c'est de là aussi que viennent les mortifications qu'ils font éprouver aux nobles. Le peuple, satisfait de voir ses petits tyrans abaissés, supporte plus volontiers le commun oppresseur et l'oppression, qui se trouve alors partagée. Les nobles rongent leur chaîne, mais ils sont trop corrompus, trop efféminés et trop lâches pour la rompre. Le tyran ne penche pas plus du côté des nobles que du côté du peuple, et il fait sentir tour à tour à tous deux, à travers quelques fausses caresses, les verges flétrissantes du pouvoir. C'est ainsi qu'il assure et qu'il éternise sa tyrannie ; il ne cherche pas à détruire la noblesse, mais seulement et insensiblement les plus anciens d'entre les nobles, pour en recréer de nouveaux non moins orgueilleux envers le peuple, mais qui soient plus souples et plus esclaves de ses volontés ; mais il ne les détruit pas, parce qu'il sait bien qu'ils doivent être et qu'ils sont en effet la partie la plus essentielle de la tyrannie ; il ne les craint pas, parce qu'il est armé ; il ne les estime pas, parce qu'il les connaît, et il ne les aime pas, parce qu'il sait qu'ils le connaissent. Le peuple ne murmure pas des charges accablantes que les armées font peser sur lui, parce qu'il ne raisonne pas et parce que les armées le font trembler ; mais il voit avec beaucoup de plaisir que, par le moyen de ces mêmes armées, les nobles ne sont pas moins soumis et moins tremblants que lui.

La noblesse héréditaire est donc une partie

intégrante de la tyrannie, parce que la véritable liberté ne peut pas même prendre racine sous un gouvernement où il y a une classe privilégiée, qui ne l'est pas par le choix du peuple ni par ses vertus. Mais les armées permanentes étant devenues désormais une partie plus intégrante encore de la tyrannie que la noblesse, elles ont enlevé aux nobles la possibilité de résister au tyran, et ont en même temps diminué le pouvoir qu'ils avaient d'opprimer le peuple.

CHAPITRE DOUZIÈME

Des tyrannies asiatiques, comparées aux tyrannies
européennes.

Plusieurs tyrannies de l'Orient semblent
contredire ce que j'ai dit sur l'union essentielle et inhérente de la noblesse et de la tyrannie, puisqu'il n'y a point dans ces tyrannies de noblesse héréditaire, et qu'elles n'offrent, au premier aspect, d'un côté, qu'un
seul maître absolu, et de l'autre qu'une masse
d'hommes soumis au même esclavage. A la
vérité, l'Asie non-seulement n'a connu, dans
aucun temps, la liberté, mais elle a presque
toujours été la proie des tyrannies inouïes,
exercées dans de très vastes régions, où l'on
ne trouve aucune liberté civile, aucune sta-
bilité et aucunes lois dont ne se joue pas le
caprice du tyran, si nous en exceptons les
lois religieuses. Malgré cela, je ne désespère
pas de prouver que, dans tous les temps et
dans tous les lieux, la tyrannie est toujours
tyrannie, et que, se servant partout des mêmes moyens pour se conserver, elle produit,
quoique sous des points de vue différents,
précisément les mêmes effets.

Je n'examinerai pas pourquoi les peuples
de l'Orient sont plus disposés à l'esclavage
que les autres. Les raisons que je pourrais

en donner seraient plus conjecturales que démonstratives ; elles ont déjà été assignées et le seront par d'autres plus savants et plus profonds que moi. Mais, partant du principe posé, je dis que la *peur*, la *milice* et la *religion*, sont incontestablement les trois bases et les ressorts des tyrannies asiatiques, comme des tyrannies européennes, et qu'elles en sont les plus fermes appuis dans ces deux parties du monde. Le faux honneur, dont j'ai parlé plus haut, ne paraît pas d'abord exister dans l'esprit et dans le cœur des Orientaux ; mais cependant, si on examine bien, on verra qu'ils le connaissent et le pratiquent. Pour ces peuples, le tyran est un véritable article de foi, et comme ils tiennent plus que nous à leur religion, ils attachent le plus grand honneur à exécuter ce que l'un ou l'autre commande. On ne voit pas les mahométans changer de religion comme les chrétiens le font chaque jour.

Toutes les religions asiatiques, et principalement la mahométane, qui est reçue avec plus de foi, qui est observée plus exactement, et qui est plus puissante encore que la nôtre, remplacent, dans les tyrannies orientales, ce que pourraient y opérer et la noblesse héréditaire et les armées perpétuelles que nous avons en Europe. Mais, quoique la noblesse héréditaire n'existe pas dans une grande partie de l'Orient (excepté cependant la Chine, le Japon et plusieurs États de l'Inde, c'est-à-dire, une grande partie de l'Asie), néanmoins, chez les Mahométans, les principaux instruments de la tyrannie sont, comme chez les Chretiens, *les prêtres, les chefs de la milice, les gouverneurs de province et les grands de la cour;* et quoique ces hommes ne soient pas nés nobles, ils n'en doivent pas moins être regardés comme une classe plus puissante que le peuple, plus faible que le tyran qui, recevant de lui tout son lustre et son autorité, se trouve occuper la même place dans les tyrannies asiatiques que la noblesse dans les tyrannies européennes. Je conviens que ces nobles d'Asie, soit qu'ils meurent de mort naturelle ou de mort violente, ne transmettent point leur noblesse à leurs fils, mais qu'en résulte-t-il? D'autres leur succèdent dans les places qu'ils occupaient, et tous ceux qui viennent après eux, quoique d'origine plébéienne, ne manquent pas de prendre l'esprit des nobles, qui n'est autre chose que d'opprimer le peuple et de faire cause commune avec le tyran. Il y a plus, ces nobles de *nouvelle fabrique* seront d'autant plus féroces, qu'ils sont nés dans un état plus vil, qu'ils ont été plus opprimés et qu'ils ont connu plus d'égaux. Comment ne seraient-ils pas plus orgueilleux et plus cruels toutes les fois qu'ils viennent à s'élever au-dessus des autres par d'autres voies que celle de la vertu? Et comment est-il possible que la vertu puisse être l'échelle des honneurs et de l'autorité sous une tyrannie quelconque?

L'effet est donc le même en Orient et en Occident, puisque entre le peuple et le tyran il y a toujours des nobles ou héréditaires ou factices et la milice permanente, deux classes sans lesquelles il n'y a et ne peut y avoir de tyrannie, et avec lesquelles la liberté ne peut exister longtemps.

On me dira peut-être que, dans toute espèce de démocratie ou de république mixte, les prêtres, les magistrats et les chefs de la milice sont également et toujours supérieurs au peuple. A cela je réponds en distinguant : ceux-ci, dans la république, sont bien, pris séparément, au-dessus de chaque individu, mais beaucoup au-dessous de l'universalité; ils sont choisis par tous ou par le plus grand nombre pour un temps limité, et non à vie; iîs sont soumis aux lois, et contraints à donner, quand on l'exige, un compte scrupuleux de leur conduite.

Mais ces prêtres, ces magistrats, ces chefs de la milice sont, dans la tyrannie, au-dessus de chaque individu et de l'universalité, puisqu'ils sont choisis par un seul, supérieur à tous, puisqu'ils ne rendent aucun compte de leurs opérations, excepté à lui, et puisqu'enfin rien ne leur est imputé à crime, sinon le malheur de lui avoir déplu ou de lui avoir nui en quelque chose, ce qui veut dire clairement d'avoir servi ou tenté de servir l'intérêt de tous ou de la majorité. Mais si j'ai démontré suffisamment, comme je crois l'avoir fait, que, sous les tyrannies de l'Orient, les tyrans emploient les mêmes moyens que dans celles de l'Europe, examinons maintenant quelles sont les différences qui paraissent exister entre leurs effets, pourquoi elles s'y trouvent, et si elles sont en faveur des Européens ou contre eux.

Les tyrans orientaux se montrent rarement en public, et sont inaccessibles en particulier.

Nous voyons les nôtres journellement, mais cette vue ne diminue pas plus notre peur que leur puissance. Il est vrai que cet examen que l'on fait du tyran affaiblit un peu la stupide vénération qu'on a pour lui, mais la haine doit rester la même, et avec elle le chagrin et l'ennui doivent s'accroître.

Il est très difficile, dans l'Orient, d'approcher les tyrans. Nous pouvons approcher les nôtres avec quelque lettre ou supplication; mais quel bien en résulte-t-il ? Les bons et les innocents sont-ils moins opprimés ? Les méchants sont-ils plus connus, éloignés ou punis ?

Les emplois, les honneurs, les dignités se donnent en Orient aux esclaves qui plaisent le plus au maître. Le seul caprice les donne et le seul caprice les reprend. Un ministre, ou tout autre, que l'on dépouille d'un emploi important, le perd le plus souvent avec la vie. N'est-ce pas le même caprice qui accorde dans l'Occident les mêmes honneurs et les mêmes dignités à des esclaves plus savants dans l'art de plaire et de ramper ? Ne sont-ils pas plus vils, ces esclaves si dignes en vérité de l'être, puisque, n'étant pas nés dans la servitude réelle du sérail, ils viennent humblement et spontanément offrir leurs mains et leurs têtes au plus honteux de tous les jougs ? Mais si nos tyrans, en leur ôtant leur charge, ne les privent pas tout à la fois de la vie, n'est-ce pas parce que ces esclaves choisis ont donné tant de preuves de leur avilissement, que leurs maîtres ne peuvent et ne doivent les craindre en aucune manière?

Dans les tyrannies de l'Orient, excepté les lois religieuses, il en existe très peu. Chez nous, il en existe beaucoup, mais tous les jours on les change, on les viole, on les annule, ou on les tourne en dérision. Quelle est la moins honteuse ou la moins infâme à supporter de ces deux usurpations? Est-ce celle qui t'opprime et t'outrage, parce que, ne croyant pas qu'une société puisse exister autrement, tu lui as concédé une puissance illimitée, sans penser aux moyens de la restreindre? Serait-ce par hasard celle qui t'opprime et t'outrage avec plus de violence, quoique tu aies cherché à prévenir, par des lois impuissantes et par les serments inutiles du tyran, l'oppression et les outrages?

Dans les gouvernements orientaux, il n'y a rien de sûr que l'esclavage ; mais qu'avonsnous de plus assuré dans les nôtres? Les tyrans européens sont beaucoup plus humains que les orientaux , c'est-à-dire que *les tyrans européens ont moins besoin d'être cruels*. Dans l'Orient, les sciences, les lettres proscrites, les royaumes dépeuplés, la stupidité et la misère du peuple, le manque d'industrie, la privation du commerce, toutes ces choses ne sont-elles pas des preuves irréfragables du vice destructeur qui existe dans ce gouvernement? Je réponds en distinguant de nouveau : la religion mahométane, comme plus inerte et plus nonchalante que la chrétienne, devient aussi plus destructive qu'elle. Dans les parties de l'Orient où le mahométisme n'est pas reçu (comme à la Chine et au Japon), tous les lamentables effets ci-dessus mentionnés, que nous assignons follement à la seule tyrannie orientale, n'existent cependant pas sous une autre tyrannie orientale qui ne le cède en rien à la première, ou bien n'y existent pas avec plus de force que sous les tyrannies européennes.

Il faut donc conclure qu'en Asie la tyrannie, et particulièrement sous le mahométisme, est plus oppressive qu'en Europe; mais il faut avouer en même temps que le tyran et ceux qui exécutent ses volontés y vivent avec moins de sûreté. Si nos tyrannies, pour être plus douces, nous donnent quelques avantages sur les Orientaux, ces avantages sont amèrement compensés par une plus grande infamie, qui résulte de la servitude volontaire et de la presqu'impossibilité dans laquelle notre manière de vivre servile et efféminée nous a mis de détruire, de changer, d'abattre ou de diminuer les tyrannies sous lesquelles l'Europe gémit. Nous cultivons les sciences, les lettres, le commerce, tous les arts et tous les usages de la vie civile. On ne peut nier tous ces faits; mais nous dont l'esprit est cultivé, nous qui sommes si profonds dans les sciences, nous enfin qui sommes l'élite des habitants de ce globe, nous souffrons patiemment ces mêmes tyrans que les peuples de l'Asie, si vils à nos yeux, si ignorants, si peu policés, souffrent comme nous, mais dont ils ont quelquefois le courage de se délivrer. Celui qui ne sait pas que la liberté a existé et qu'elle peut exister encore ne sent pas la servitude, et qui ne la sent pas est excusable de la supporter. Mais que dirons-nous de ces peuples qui la connaissent, qui la sentent, qui frémissent d'être esclaves, et qui cependant se taisent et languissent dans l'esclavage?

La différence qui s'y trouve donc, c'est que les tyrans de l'Orient peuvent tout et font tout, mais ils sont souvent renversés de leurs trônes et égorgés. Les tyrans de l'Occident peuvent tout également, mais ils ne font que ce qui leur est nécessaire, et ils restent sur leurs trônes inattaquables avec sûreté et impunis.

Les peuples de l'Asie se regardent comme possesseurs incertains de ce qu'ils ont, mais ils croient que les choses doivent être presque ainsi; et si le tyran vient à outrepasser les limites de son pouvoir envers l'universalité de ses sujets, ils savent s'en venger, quoiqu'ils ne pensent jamais à éteindre ou à diminuer la tyrannie. Les peuples de l'Europe ne possèdent pas leurs biens avec plus de sûreté que ceux de l'Asie, quoiqu'on emploie pour les en dépouiller des manières différentes et plus polies. Ces peuples savent quels sont les droits de l'homme, et comment pourraient-ils les ignorer? Ne les voient-ils pas heureusement exercés par un petit nombre de nations qui se conservent libres au milieu de la servitude générale? Ils voient chaque jour le tyran ajouter aux excès de son pouvoir, et surtout augmenter les taxes pécuniaires; cependant l'avilissement et la lâcheté des peuples de l'Europe sont parvenus à un tel degré, qu'ils n'osent pas tenter une juste et louable vengeance, et encore moins essayer de reconquérir les droits qu'ils tiennent de la nature et qu'ils connaissent si inutilement.

CHAPITRE TREIZIÈME

Du luxe.

Je ne crois pas qu'il me soit difficile de prouver que le luxe moderne de l'Europe est une des principales causes qui rendent l'esclavage pénible et doux tout à la fois, et que c'est par cette raison que les peuples ne sentent pas avec assez de force le besoin de secouer entièrement le joug. Je n'ai pas l'intention de discuter ici la question de savoir si on doit entretenir le luxe ou le proscrire; elle a été épuisée par tous les bons auteurs qui l'ont traitée. Tout luxe privé et excessif suppose une monstrueuse inégalité de richesses parmi les citoyens. La classe des riches est nécessairement aussi orgueilleuse que celle des pauvres est misérable et avilie, et toutes deux sont également très corrompues. Ainsi, en admettant cette inégalité, il serait très inutile et peut-être dangereux de vouloir proscrire le luxe tout à fait, et il n'y a d'autre remède contre lui que de tâcher de diriger par des voies moins criminelles vers un but moins coupable. J'essayerai de prouver dans ce chapitre que le luxe étant une conséquence très naturelle de la noblesse héréditaire sous la tyrannie, il est aussi lui-même

une de ses bases principales. Partout où le luxe est porté à l'excès, il ne peut y avoir de liberté durable, et si la liberté existe dans un État, et que le luxe vienne à s'y introduire, il ne tardera pas à la corrompre, et par conséquent à la détruire.

Le premier et le plus mortel des effets du luxe privé, c'est que l'estime publique, qui, dans la simplicité modeste des mœurs, était accordée à celui qui surpassait les autres en vertu, est injustement donnée, dans l'état actuel de mollesse et de dépravation, à celui qui éblouit les autres par ses richesses ; et qu'on ne cherche pas plus loin les causes de l'esclavage de ces peuples parmi lesquels les richesses *sont tout*. Cependant l'égalité des fortunes étant regardée par les peuples européens comme une chose tout à fait chimérique, devra-t-on en conclure pour cela qu'il ne peut point y avoir de liberté en Europe, et que les gains immenses du commerce et les produits des emplois publics y sont un obstacle invincible à l'égalité des fortunes ?

Je réponds qu'une véritable liberté politique peut difficilement exister ou durer au milieu de l'excessive disparité des fortunes ; mais que cependant, dans le cas où elle aurait déjà poussé quelques racines, il y a deux moyens de la faire croître et prospérer au milieu d'une telle disparité, et malgré le luxe corrupteur qui ne cesse de la combattre. Le premier de ces moyens exige qu'il soit pourvu par de bonnes lois à ce que l'excessive inégalité des richesses procède plutôt de l'industrie, du commerce et des arts, que de *l'accumulation morte* d'une grande quantité de biens fonds dans les mains d'un petit nombre de propriétaires, parce qu'une telle réunion de biens ne peut avoir lieu sans qu'une infinité d'autres citoyens ne soient dépouillés de la part qui leur appartient. Par une telle compensation, les richesses du petit nombre ne causant pas alors la pauvreté totale de la majorité, il y aura alors un certain *état moyen*, qui divisera le peuple en trois classes, celle du petit nombre des millionnaires, celle des gens aisés, qui sera très nombreuse, et celle des pauvres, qui se trouvera presque réduite à rien.

Cette division toutefois ne peut naître et ne peut subsister que dans une république; au lieu que, sous les tyrannies, toutes les richesses doivent être le partage de quelques-uns et la misère du plus grand nombre. C'est de cette injuste disproportion qu'elles tirent une grande partie de leur force. Le second moyen de rectifier le luxe et de diminuer sa funeste influence sur la liberté civile serait de ne pas le permettre dans les choses privées, et de l'encourager et de l'honorer dans les choses publiques. Le petit nombre de républiques qui existent en Europe emploient ces deux moyens, mais faiblement et en vain, parce qu'elles sont déjà très corrompues par l'influence du faste pestilentiel qui règne dans les gouvernements tyranniques qui les environnent; ce sont ces deux moyens que les tyrans n'emploieront jamais et ne doivent pas employer contre le luxe, qu'ils regardent comme un des plus fidéles satellites de la tyrannie.

Un peuple misérable et amolli, qui ne peut

subsister qu'en fabriquant les draps d'or et
de soie qui servent à couvrir quelques riches
orgueilleux, un tel peuple doit par nécessité
accorder tout son respect et toute son estime
à ceux qui lui procurent le plus de profit par
la consommation qu'ils en font. C'est ainsi, et
par une raison différente, que le peuple romain, qui avait coutume de tirer son existence des terres conquises par ses armes et
distribuées ensuite par le sénat, estimait davantage le consul ou le tribun dont les victoi-
res lui donnaient une plus grande part dans la
répartition générale.

Le luxe privé renversant ainsi toutes les
opinions justes et vraies, il arrive que le peuple honore et estime plus ceux qui insultent
à sa misère par l'ostentation d'un luxe déme-
suré, et qui, dans la vérité, le dépouillent en
ayant l'air de le nourrir. Est-il possible qu'un
tel peuple puisse avoir l'idée, le désir et les
moyens de reprendre sa liberté ?

Et ces grands, c'est-à-dire ceux à qui l'on
donne ce titre, qui dissipent leurs fortunes et
souvent celles des autres pour briller d'une
vaine pompe beaucoup plus que pour jouir
véritablement ; ces grands ou ces riches, à
qui tant de superfluités sont devenues insi-
pides, mais nécessaires ; ces grands enfin, qui,
dans leurs repas, dans leurs assemblées noc-
turnes, dans leurs bals, dans leurs lits, traî-
nent une vie efféminée, ennuyeuse et inutile,
au milieu des horreurs de la satiété, de tels
êtres peuvent-ils, plus que la lie du peuple,
s'élever jusqu'à connaître, apprécier, désirer
et vouloir la liberté ? Ne seraient-ils pas les

premiers à s'en affliger, et pourraient-ils exister s'ils n'avaient un tyran pour perpétuer
leur douce paresse et commander à leur
ineptie ?

Le luxe est donc inévitable et nécessaire
sous la tyrannie, et avec lui croissent et se
multiplient tous les vices. Il est, si je puis
m'exprimer ainsi, le prince qui les ennoblit
tous, en les ornant de l'appareil de la grandeur, et il confond tellement le nom des choses, que la *dépravation des mœurs* s'appelle,
chez les riches, *galanterie ;* la *flatterie, savoir-
vivre ;* la *lâcheté, prudence* et l'*infamie, nécessité.* Quelle est la cause immédiate de tous ces
vices et de ceux que je passe sous silence ?
Le luxe. Quels sont ceux qui en retirent le
plus grand avantage ? Ce sont sans doute les
tyrans, qui en reçoivent le commandement
pacifique et absolu, et les moyens de le conserver.

Le luxe donc, que j'appellerai l'amour et
l'usage immodéré des superfluités pompeuses
de la vie, corrompt, dans une nation, également toutes les classes de la société. Le peuple, qui paraît en retirer quelque avantage,
ne réfléchit pas que le plus souvent la pompe
des riches n'est autre chose que le fruit de
son travail arraché par les impôts, et qui n'a
passé dans les coffres du tyran que pour être
prodigué à ses oppresseurs secondaires. Le
peuple lui-même est nécessairement corrompu par le mauvais exemple des riches et par
les occupations viles avec lesquelles il ga-
gne avec peine sa triste nourriture. C'est
pour cela que ce faste des grands, qui devrait

allumer la colère et la vengeance du peuple, ne fait qu'attirer son admiration stupide. Que toutes les autres classes doivent être corrompues par le luxe qui les dévore, c'est une vérité qui n'a pas besoin d'être démontrée; et lorsque toutes les classes de la société en sont venues à ce degré de corruption, il est manifestement impossible que cette nation devienne ou reste libre, si on ne cache avant tout le luxe, qui en est le plus funeste corrupteur. Le principal soin du tyran doit être d'encourager, de propager et de caresser le luxe, dont il reçoit plus de force que d'une armée entière, quoiqu'il feigne quelquefois de montrer l'apparence du contraire. Tout ce que j'ai dit jusqu'à présent doit suffire pour prouver qu'il n'y a rien sous nos tyrannies qui nous fasse supporter plus facilement, et même savourer l'esclavage comme l'usage continuel et immodéré du luxe, et pour prouver en même temps que, lorsque cette peste est enracinée, il ne peut plus y renaître ou y exister de véritable liberté.

Que l'on examine maintenant si le luxe peut régner dans un pays où la liberté est déjà établie, on saura bientôt lequel des deux doit céder la place. Si nous jetons les yeux sur l'histoire de tous les siècles et de tous les peuples, nous verrons toujours la liberté s'éloigner de tous les gouvernements qui ont laissé introduire le luxe, et nous ne la verrons pas renaître avec force parmi les peuples qui sont déjà corrompus par lui. Mais comme l'histoire de tout ce qui a été n'est peut-être pas absolument la preuve infaillible de tout ce qui peut être, il me paraît que les gouvernements libres ne peuvent opposer à l'inégalité des richesses parmi les citoyens non encore entièrement corrompus, pendant le petit intervalle dans lequel ils peuvent se maintenir tels, d'autres remèdes plus efficaces que la seule opinion. Ainsi, voulant accorder à ces richesses si injustement réparties un moyen qui les fasse circuler, sans détruire tout à fait la liberté, il faut qu'ils persuadent aux riches de les employer à élever des monuments publics, qu'ils n'accordent d'honneurs qu'à ce seul faste, et qu'ils attachent une idée de mépris à l'abus que les riches en peuvent faire dans leur vie privée, en leur permettant cependant l'usage raisonnable que la décence permet et que leur état exige. Les gouvernements libres doivent persuader en même temps aux hommes que la fortune n'a pas favorisés (je n'entends point par là les hommes couverts de haillons) qu'il n'y a point de délit ni d'infamie à être pauvre, et ils le persuadent facilement en accordant à ces hommes les mêmes moyens de parvenir aux charges et aux honneurs. Mais j'en exclurai principalement les nécessiteux, non pour insulter à leur misère, mais parce que je les crois trop susceptibles de corruption, et parce que, leur éducation étant mauvaise, ils sont, par des causes tout à fait contraires, aussi loin que les *riches*, de la possibilité de penser solidement et d'opérer selon la justice.

Ces mesures de prudence finiront cependant par devenir inutiles avec le temps. La nature de l'homme ne change pas. Où de grandes richesses se trouvent inégalement distribuées, tôt ou tard doit naître le luxe des particuliers et dès lors la servitude générale. Cette servitude difficilement peut s'éloigner d'un peuple divisé en deux classes, celle du petit nombre *des très riches*, et celle *des très pauvres* qui le compose presqu'entièrement; mais, quand une fois elle a commencé à s'introduire, et que *les très riches* ont éprouvé combien la servitude universelle est favorable à leur luxe, ils emploient tous leurs efforts pour empêcher qu'on ne la détruise.

Il serait donc nécessaire, si l'on voulait élever la liberté sur les ruines de nos tyrannies, de détruire avec le tyran ceux qui possèdent des richesses excessives, parce que ces derniers, avec leur luxe impossible à détruire, ne **cesseront jamais** de corrompre la **société**.

CHAPITRE QUATORZIÈME

—

De la femme et des enfants, sous la tyrannie.

Comment est-il possible que, sous un gouvernement monstrueux, où nul homme n'est sûr de sa personne et de ses biens, il y en ait cependant qui osent se choisir une compagne de malheur, qui osent perpétuer l'esclavage, en se donnant des enfants comme eux destinés aux fers ? C'est ce qui paraîtrait difficile à croire si on ne le voyait tous les jours. Si je devais en donner les motifs, je dirais que la nature, en cela plus puissante encore que la tyrannie, force les individus à embrasser l'état conjugal avec une force plus efficace que celle de la tyrannie qui les en éloigne. Et ne voulant maintenant distinguer qu'en deux classes les hommes soumis à un tel gouvernement, c'est-à-dire en pauvres et en riches, je dirai que les riches se marient sous la tyrannie par la folle persuasion que leur race, quoique très inutile au monde, et souvent obscure, y est très nécessaire comme un de ses plus beaux ornements. Les pauvres se marient, parce qu'ils ne savent rien, parce qu'ils ne pensent rien et parce qu'ils ne peuvent en rien désormais aggraver leur malheureux état.

Je laisse maintenant de côté les pauvres, no[n]
pas qu'ils soient méprisables, mais parce qu'[il]
leur est moins nuisible d'agir comme ils l[e]
font. Je parlerai donc expressément des riche[s]
par la raison que, devant être plus instruits[,]
parce qu'ayant conservé en partie le droit de
réfléchir, ils ne peuvent pas être insensibles à
leur esclavage, et ils doivent, à moins qu'ils
ne soient tout à fait stupides, faire de grandes réflexions sur les conséquences du mariage
sous la tyrannie; et pour faire une distinction
moins désagréable et moins outrageante pou[r]
ces hommes que celles de riches et de pau[-]
vres, je la ferai entre les êtres qui pensent e[t]
ceux qui ne pensent pas. Je dis donc que ce[-]
lui qui pense, et qui peut vivre sans travaille[r]
pour se nourrir, ne doit jamais se marier sou[s]
la tyrannie, parce qu'il trahit sa façon de penser, la vérité, lui-même et ses enfants. Il n'est
pas difficile de prouver ce que j'avance. Je suppose que l'homme pensant doit connaître la
vérité, et alors indubitablement il doit souffrir
fortement en lui-même d'être né sous un
gouvernement tyrannique, où l'on ne conserve
de l'homme que la figure : or, celui qui se
plaint d'être né dans cet état aura-t-il le courage ou, pour mieux dire, la cruauté d'y renaître par ses enfants? d'ajouter à la crainte qu'il
éprouve pour lui-même ce qu'il aura à craindre
pour sa femme et pour ses enfants? Il me
paraît que c'est multiplier les maux à un tel
point, que je ne pourrai jamais croire que celui qui prend une femme dans la tyrannie
pense et connaisse pleinement la vérité.

Le premier objet du mariage est sans doute,

pour une compagne douce et fidéle, d'avoir à partager avec elle les événements de la vie, et que la mort seule puisse nous enlever. Supposant maintenant l'impossible, c'est-à-dire, que les mœurs ne soient pas corrompues sous la tyrannie, et que cette compagne ne puisse avoir d'autre soin ni d'autre désir que de plaire à son mari, qui peut lui donner l'assurance qu'elle ne sera pas séduite, corrompue, ou même enlevée par les ordres du tyran ou par ceux de ses nombreux et puissants amis? Collatin est un exemple assez clair pour démontrer la possibilité d'un tel fait, mais les effets qui naquirent de ce viol ne peuvent pas être espérés dans le siecle où nous vivons, quoique les mêmes causes existent tous les jours. J'entends dire, autour de moi, que le tyran ne peut vouloir la femme de tous; qu'il est très rare, même dans nos mœurs actuelles, qu'il cherche à en séduire deux ou trois, et que cette séduction se fait par des dons, des promesses et des honneurs accordés aux maris, mais jamais par la violence ouverte. Voilà les raisons détestables qui rassurent les cœurs des maris, qui ne craignent rien autant au monde que de ne pas être du nombre de *ces heureux maris* qui achètent aux dépens de leur propre infamie le droit d'opprimer des hommes moins vils qu'eux. Plusieurs siécles après Collatin, un autre viol royal eut lieu en Espagne, où les peuples, alors moins civilisés, et par conséquent moins corrompus, chassèrent leurs indignes tyrans pour en prendre d'étrangers. Mais dans notre temps si illuminé, si civilisé, un viol par la force ne pourrait pas arriver, parce qu'il n'y aurait pas de femme qui voudrait se refuser au désir du tyran ; et si cependant une telle chose arrivait, je doute qu'on en tirât vengeance, parce qu'il n'y a pas de père, de frère ou de mari, qui ne se crût honoré d'un tel *déshonneur*. Et la vérité me force ici de dire une chose qui provoquera sans doute le rire des esclaves choisis de la tyrannie, mais qui, dans quelque coin du globe où les mœurs et la liberté se sont réfugiées, exciteront tout à la fois la douleur, l'étonnement et l'indignation : c'est que si de nos jours il se trouvait un homme assez courageux et magnanime pour se venger sur le tyran d'un outrage aussi grand, la plupart des hommes le traiterait de sot, d'insensé et de traître. On ne saurait quel nom donner à cette étrange manie, de ne vouloir pas supporter, avec des avantages si manifestes de la part du tyran, ce que l'on supporte chaque jour sans aucun profit de la part de tel ou tel individu. Je frémis d'horreur en écrivant ces aimables lâchetés, qui sont l'assaisonnement le plus recherché du nouveau système de penser, et que les Français appellent fort agréablement *de l'esprit ;* mais je me confie tellement à la force de la vérité, que j'ose espérer qu'un jour bientôt on frémira en lisant de pareilles mœurs, comme je souffre en les écrivant.

Si donc le premier but du mariage est d'avoir *une femme*, à moins qu'on ne veuille confondre, comme on fait de tant d'autres choses, la véritable possession avec l'obligation de la maintenir, il est impossible de la couserver; car si le tyran ou quelqu'un de ses nombreux soutiens, auxquels on résisterait en vain, ne l'arrache pas des bras du mari, l'horrible corruption générale des mœurs, suite inévitable de l'esclavage, la lui font perdre sans retour.

Que dirai-je maintenant des enfants ? Plus ils sont chers, et plus l'erreur de celui qui les engendre est grande et funeste ; puisqu'il fournit au tyran un nouveau moyen bien puissant pour l'offenser, l'intimider et l'opprimer, comme il se donne un moyen de plus pour en être offensé et opprimé.

Des deux malheurs que je vais exposer, il est impossible de ne pas en éprouver un. Ou les fils de l'homme pensant recevront une éducation semblable à celle du père et selon ses principes, et alors ils ne peuvent être que très malheureux, ou bien leurs principes et leur éducation seront contraires à ceux de leurs pères, et alors il sera lui-même très malheureux. Ces enfants, nés par de tristes circonstances pour la servitude, ne peuvent être élevés à penser : ce serait les perdre et les trahir ; mais cependant, destinés, par la nature, à la dignité d'êtres pensants, comment leur père infortuné pourrait-il les élever pour l'esclavage, sans trahir la vérité, l'honneur et lui-même ?

Quel parti reste donc sous la tyrannie a l'homme pensant, quand il vient pour son malheur et par une erreur inexcusable, à donner la vie à quelques êtres malheureux ? Que sert le repentir pour une telle erreur? Pour une erreur dont les effets sont si terribles.

qu'il ne reste aucun moyen de les éviter ? Il faudrait donc, sous la tyrannie, étouffer ses propres enfants à l'instant de leur naissance ou les abandonner en proie à l'éducation commune et à cet abrutissement vulgaire qui ôte tout moyen de penser. C'est le parti que prennent aujourd'hui tous les pères, et il n'est pas moins cruel que l'autre, quoiqu'il soit encore plus vil. Je ne suis pas encore père, mais je répondrais que je sais très bien qu'il répugne trop à la nature d'égorger ses enfants, mais qu'il ne répugne pas moins à la nature d'obéir aveuglément aux caprices et à la volonté d'un seul homme ; et si nous nous sommes si bien accoutumés à la servitude, ce talent infâme et déshonorant ne s'accroît en nous qu'à proportion que les véritables et naturels attributs de l'homme s'anéantissent. C'est pour cela que les philosophes penseurs, chez les peuples libres, ne font aucune différence entre la vie d'un animal et celle d'un homme qui n'est pas destiné à jouir de la liberté, de sa volonté, de la sûreté de sa personne, des mœurs et du véritable honneur. Et tel doit être le sort des enfants que l'aveuglement de leurs parents a fait naître sous la tyrannie, puisque, si leur père ne leur ôte pas la vie matérielle, il leur arrache nécessairement une vie plus noble, celle de l'entendement et de l'esprit, ou bien si par malheur il vient à cultiver avec autant de soin la vie matérielle et intellectuelle, il ne fait, ce malheureux père, que préparer des victimes à la tyrannie.

Je conclus que quiconque, sous la tyrannie,

possède une femme et des enfants est d'autant plus esclave et avili qu'il a plus d'individus qui lui appartiennent, et pour lesquels il est obligé de trembler sans cesse.

CHAPITRE QUINZIÈME

De l'amour de soi-même sous la tyrannie.

La tyrannie est si contraire à notre nature, qu'elle renverse, affaiblit ou détruit dans l'homme presque toutes les affections naturelles. Nous n'aimons pas la patrie, parce qu'elle n'existe pas ; nous n'aimons pas nos parents, notre épouse et nos enfants, parce que toutes ces choses ne nous appartiennent pas avec sécurité ; nous ne connaissons pas de vrais amis, parce qu'un simple épanchement de cœur sur des choses importantes peut changer un ami en un délateur récompensé, ou même encore trop souvent en un délateur honoré. L'effet nécessaire qui doit résulter dans le cœur de l'homme de l'impossibilité de ne pouvoir aimer toutes ces choses, c'est de s'aimer immodérément soi-même, et il me paraît qu'en voici une des principales raisons. La crainte naît dans l'homme de l'incertitude dans laquelle il vit, et cette crainte continuelle produit deux effets contraires, ou un amour excessif, ou une très grande indifférence pour la chose que nous craignons de perdre. Comme nous avons toujours à craindre, sous la tyrannie, pour nous et pour tout ce qui nous appartient, et comme la nature veut que nous nous aimions plus que toute chose, il arrive de là que nous craignons beaucoup pour nous-mêmes, et chaque jour beaucoup moins pour les choses qui nous appartiennent, mais qui ne sont pas immédiatement à nous Dans les véritables républiques, les citoyens aiment avant tout la patrie, ensuite leur famille, après leurs personnes. Sous la tyrannie, au contraire, on préfère son existence à toute chose, et, pour cela, l'amour de soi-même n'est pas l'amour de ses droits, de sa gloire et de son honneur, mais c'est simplement l'amour de la vie animale ; nous voyons que cette vie, par une fatalité que je ne conçois pas, ressemble à celle des vieillards, qui en font beaucoup plus de cas lorsqu'ils l'ont presqu'entièrement perdue, tandis que les jeunes gens, à qui elle reste tout entière à parcourir, ne craignent pas de la prodiguer : ainsi elle est d'autant plus chère à l esclave qu'elle est moins sûre et qu'elle vaut moins.

CHAPITRE SEIZIÈME

Si le tyran peut être aimé, et par qui.

Celui qui peut impunément exercer son despotisme sur tous, et qui ne peut être impunément arrêté par qui que ce soit dans l'exercice de ce pouvoir, doit, par nécessité, inspirer à tous la plus grande crainte, et, par conséquent, la haine la plus violente. Mais ce tyran pouvant aussi combler de bienfaits, de richesses et d'honneurs celui qui parvient à lui plaire, quiconque reçoit de lui d'aussi grandes faveurs ne peut, sans une vile ingratitude et sans être pire que lui, lui refuser son attachement. Je conviens de tout cela, et j'ajoute une vérité non moins certaine : c'est que celui qui reçoit les faveurs du tyran porte toujours l'ingratitude cachée dans le fond de son cœur, et est toujours beaucoup plus méchant que lui.

Voici quels en sont les motifs : la trop grande différence qui se trouve entre les choses que le tyran peut donner et celles qu'il peut ôter, rend cette haine nécessaire dans le cœur du plus grand nombre qu'il a outragé, tandis que l'amour que lui accordent ceux qu'il a favorisés ne peut être que feint et arraché par la force. Il peut, il est vrai, prodiguer les richesses, les honneurs supposés et la puissance, mais il peut aussi vous enlever, avec tout cela, des choses qu'il n'est pas en son pouvoir de vous rendre, telles que la vie et le véritable honneur.

Il est possible encore que l'ignorance totale des droits sacrés de l'homme fasse tomber certains individus dans l'erreur funeste d'aimer le tyran, parce que, quoiqu'il les dépouille des plus belles prérogatives de l'espèce humaine, il leur conserve la propriété de certaines choses d'une bien moindre conséquence; mais n'est-ce pas alors parce qu'ils savent très bien qu'il pourrait tout aussi légitimement, c'est-à-dire avec autant d'impunité, les dépouiller absolument de tout ce qu'ils possèdent?

Qu'il est étrange cet amour! puisqu'on peut

entièrement l'assimiler à celui que l'on aurait pour un tigre qui ferait grâce de la vie à celui qu'il pourrait dévorer. Ce sont les hommes de la classe pauvre et inculte qui éprouvent cette affection stupide. Ils n'ont pas d'autre bonheur que celui de ne pas voir le tyran, dont ils ne peuvent pas même avoir l'idée ; et ces hommes le redoutent beaucoup moins, parce qu'il ne leur reste rien à perdre. C'est pourquoi cette justice, telle quelle, qu'on leur administre au nom du tyran, persuade à leur ignorance irréfléchie, que, sans le tyran, ils n'obtiendraient point cette *demi-justice.* Mais ceux qui l'approchent tous les jours, qui en connaissent l'incapacité ou la perfidie, comment pourront-ils penser ainsi, malgré la splendeur, les honneurs et les richesses qu'ils en obtiennent? Ils connaissent trop quelle est la puissance immense du tyran ; ils chérissent trop les richesses qu'ils en ont reçues, pour ne pas craindre extrêmement celui qui peut les leur reprendre, et alors craindre et haïr sont entièrement synonymes.

Mais alors la crainte, dans les cours, se couvrant du masque de l'amour, vient à y former une espèce d'attachement tellement monstrueux, qu'il est vraiment digne des tyrans qui l'inspirent et des esclaves qui le professent. Ce même Séjan qui, dans une grotte ébranlée et prête à s'écrouler, sauvait la vie de Tibère aux dépens de la sienne, n'a-t-il pas, après en avoir reçu des faveurs infinies, conjuré contre lui ? Séjan aimait-il Tibère lorsqu'il s'exposa à un péril si évident pour le sauver ? Certainement non ; Séjan ne pensait qu'à servir sa propre ambition. C'est ainsi que nous voyons journellement dans nos armées les officiers les plus corrompus et les plus efféminés affronter la mort sans autre motif que celui de satisfaire leur mince ambition, et pour gagner davantage la faveur du tyran. Séjan haïssait-il plus Tibère quand il conspira contre lui que lorsqu'il le sauva? Il est certain qu'il le détestait davantage après, parce que l'immensité des choses qu'il en avait reçues lui faisait entrevoir avec une terreur plus grande et plus prochaine l'immensité, plus grande encore, des choses que Tibère pouvait lui enlever. C'est pourquoi Séjan, ne se croyant pas en sûreté s'il ne parvenait à anéantir la seule puissance qui pouvait triompher de la sienne, il entreprit de se défaire du tyran par des moyens réfléchis et préparés depuis longtemps. *Les Tibères, dans quelques lieux qu'ils naissent et qu'ils règnent, doivent s'attendre à n'avoir pour amis que des Séjans.* Si donc le tyran inspire cette haine profonde à ceux qu'il comble de bienfaits, que devrait-il attendre du nombre immense d'hommes qu'il offense directement ou indirectement ou qu'il dépouille?

Il n'y a donc que la masse stupide, pauvre et ignorante des sujets éloignés qui puisse, comme je l'ai déjà dit, aimer le tyran par le seul motif qu'elle ne le connaît pas, et cet amour doit s'appeler une haine morte. Toute autre personne peut feindre et même faire pompe de son amour pour le tyran, mais cet amour n'a rien que d'affecté. Cette démonstration servile, honteuse et infâme sera tou-

jours mise en usage par les plus vils, c'est-à-
dire par ceux qui craignent le plus le tyran,
et qui, par conséquent, ie détestent davantage.

CHAPITRE DIX-SEPTIEME

Si le tyran peut aimer ses sujets. et comment,

De la même manière que j'ai démontré ci-
dessus que les sujets ne peuvent aimer le tyran, parce qu'il est trop au-dessus d'eux, et
parce qu'il n'y a aucune proportion entre le
bien et le mal qu'ils en peuvent recevoir, il
me sera facile de démontrer que le tyran ne
peut aimer ses sujets. Il les regarde tellement
au-dessous de lui, qu'il n'en peut recevoir aucune espéce de don volontaire, et qu'il se croit
en droit de prendre tout ce qu'ils auraient la
volonté de lui donner. Remarquons, en passant, que l'action d'aimer, soit d'amitié, d'a-
mour, de bonté, ou de reconnaissance, etc.,
est une des affections humaines qui exigent,
sinon une égalité parfaite, au moins un rap-
prochement, une communication et une ré-
ciprocité entre les individus. Cette définition
de l'amour une fois admise, tout le monde
peut juger si tous les liens peuvent exister
entre le tyran et ses esclaves, c'est-à-dire
entre la partie qui opprime et la partie opprimée.

Il y a cependant une grande différence entre la manière réciproque de ne pas s'aimer
entre le tyran et ses sujets. Ceux-ci, comme

tous offensés par le tyran et contraints de lui
obéir, doivent pour la plupart, le détester;
mais le tyran, comme un être que la majorité
ne peut offenser, sinon par une révolte manifeste contre lui, ne doit détester que le petit
nombre de ceux qu'il voit ou qu'il suppose
être impatients du joug; et si ce petit nombre venait à montrer cette impatience, la
vengeance du tyran aurait bientôt satisfait sa
haine. Le tyran ne hait pas ses sujets, parce
que ceux-ci ne cherchent jamais à l'offenser;
et quand, par hasard, un tyran doux et humain par caractère vient à monter sur le
trône, il peut acquérir, ou plutôt usurper le
titre d'ami de son peuple. Cette renommée ne
provient donc que de la nature du prince,
moins méchant que l'autorité et la puissance
de nuire qui lui est accordée. J'oubliais, sans
m'en apercevoir, une des plus fortes raisons
pour lesquelles il doit, sinon détester, au moins
mépriser cette partie de ses sujets, qu'il voit
habituellement et qu'il connaît; la voici :
cette classe d'hommes, qui s'offre à ses regards, et qui cherche à avoir quelques communications avec lui, est certainement la plus
dépravée de toutes; un peu d'expérience lui
suffit pour en être manifestement convaincu.
Quant aux autres classes, qu'il ne connaît ni
ne voit, et qui ne l'offensent en aucune manière, il est possible de croire que le tyran,
doué d'un caractère pacifique, puisse jusqu'à
un certain point les aimer. Mais cet amour,
qu'on ne peut définir de la part de celui qui
peut faire tout le bien et tout le mal pour
ceux qui ne peuvent lui faire ni bien ni mal,

ne peut ressembler qu'à l'amour que les hommes peuvent porter à leurs chiens et à leurs chevaux ; c'est-à-dire à proportion de leur docilité, de leur obéissance et de leur soumission entière et parfaite ; et certes ! les maîtres mettent moins de différence entre eux, leurs chiens, ou leurs chevaux, que celle que le tyran modéré met entre lui et ses sujets. Et cet amour pour eux ne sera donc qu'un outrage de plus qu'il fait à la triste nature humaine.

CHAPITRE DIX-HUITIÉME

Des grands gouvernements tyranniques comparés avec les petits.

Je conçois que les tyrans qui étendent leur domination sur des pays plus vastes deviennent plus orgueilleux et plus fiers en raison de leur puissance ; mais que les esclaves soumis à un tel tyran se croient supérieurs à ceux d'une tyrannie moins étendue, il me paraît que c'est le délire le plus évident qui puisse entrer dans l'esprit de l'homme. Il prouve clairement que les esclaves ne pensent ni ne raisonnent. Si la raison pouvait mettre quelque différence entre un esclave et un autre esclave, elle serait certainement en faveur de celui qui appartiendrait au plus petit troupeau ; car plus le nombre de ceux qui obéissent aveuglément à un seul est grand, plus ils sont vils, *infâmes* et *stupides*, en raison de

la différence qui se trouve entre les oppresseurs et les opprimés. Lorsque j'entends les
fanfaıonnades d'un Français ou d'un espagnol (1). qui se croient des êtres supérieurs à
un Portugais où à un Napolitain, il me semble entendre une brebis d'un troupeau royal
mépriser la brebis d'un paysan, parce que
celle-ci pâture dans un troupeau de dix et elle
dans un troupeau de mille.

S'il y a donc quelque différence entre les
tyrannies étendues, elle n'est pas dans le
sens de la chose, qui est la même partout,
mais bien dans la personne du tyran. Celui
d'entre eux qui voudra surpasser en puissance les tyrans ses voisins deviendra vraisemblablement plus despote avec ses sujets ;
car il devra employer à cet effet des moyens
plus violents envers eux. D'un autre côté,
ayant un plus grand nombre de sujets, des
affaires plus importantes, plus d'honneurs à
distribuer, plus de richesses à prendre ou à
donner, et n'ayant pas avec cela plus de sagesse, son autorité deviendra un peu moins
fatigante dans les détails. mais également
inepte et beaucoup plus difficile à supporter
dans les choses importantes. Le petit tyran,
au contraire, devant user de beaucoup d'égards avec ses voisins, sera forcé, par contrecoup, d'en avoir quelques-uns envers ses sujets. Il devra surtout se montrer circonspect
dans lés impôts dont il les chargera ; par conséquent, s'il veut les attaquer dans leur for-

(1) Qu'on fasse attention à l'époque où Alfieri
écrivait (1779).

tune et dans leurs biens, il faudra qu'il s'y
prenne avec un peu plus de circonspection.
Mais s'il veut donner issue à la manie de tout
gouverner, il finira par se mêler des plus petites affaires de ses sujets; et, allant, pour
ainsi dire, examiner ce qui se passe dans l'intérieur de toutes les maisons, il voudra en
connaître jusqu'aux détails les plus minu-
tieux.

Dans les grandes tyrannies, les malheureux
sujets seront donc plus accablés et plus sur-
chargés; dans les petites, plus ennuyés; mais
ils seront toujours également malheureux
sous chacune d'elles, parce que l'ennui ne
cause pas aux hommes moins de douleur et
de dommage que l'oppression.

LIVRE SECOND

CHAPITRE PREMIER

Introduction.

Dans la première partie de cet ouvrage, j'ai parlé le plus brièvement qu'il m'a été possible des moyens et des causes de la tyrannie ; j'ai fait remarquer en passant la moindre partie des effets qui en résultent. Je ne prétends pas avoir épuisé mon sujet, je me suis borné seulement à dire ce qui m'a paru le plus important, et ce que les autres n'avaient pas dit avant moi ; dans ce second livre, je tracerai, plus brièvement encore, les moyens par lesquels on peut volontairement supporter la tyrannie, ou comment on pourrait, dans le cas contraire, briser son joug de fer.

CHAPITRE DEUXIÈME

De quelle manière on peut végéter dans la tyrannie.

Une vie sans âme est, sans doute, le moyen le plus sûr et le plus court pour compter le plus de jours tranquilles sous la tyrannie ; mais il ne m'appartient pas d'enseigner les préceptes de cette mort continuelle et semée d'opprobres, à laquelle, pour l'honneur de l'humanité, je ne donnerai pas le nom de vie, mais celui de végétation. Ces préceptes que j'ai appris sans le vouloir, et que j'ai sucés avec le lait, que chacun les puise dans la crainte qui l'environne, dans la lâcheté qui le dirige, et dans les circonstances plus ou moins fatales et serviles dans lesquelles il se trouve, et enfin, qu'il les cherche dans les exemples continuels qu'il a sous les yeux.

CHAPITRE TROISIÈME

Comment on peut vivre sous la tyrannie.

C'est donc à ce petit nombre d'hommes dignes de naître sous un gouvernement libre et parmi des hommes, que j'adresserai la parole ; c'est à ceux qui se trouvent lancés par l'injuste fortune au milieu du vil troupeau de ces êtres qui, n'exerçant aucune faculté humaine, qui, ne connaissant et ne conservant aucun des droits de l'homme, ne savent que honteusement en usurper le nom.

Lorsque je dois démontrer à ce petit nombre de quelle manière on peut vivre, presqu'avec la dignité d'homme sous la tyrannie, combien il doit m'en coûter d'avoir à leur donner des préceptes trop contraires hélas ! à leur nature libre et magnanime. Oh ! combien j'aurais de plaisir, si j'étais né dans d'autres temps et sous d'autres gouvernements, à leur donner, non par des paroles, mais par des faits, des exemples d'une vie consacrée à la liberté. Mais puisque c'est en vain qu'on se plaint des maux dont on n'a pas le remède entre ses mains, il faut faire comme dans les plaies incurables, pour lesquelles on ne cherche point de guérison, mais seulement un soulagement momentané.

Je dis donc que, lorsque l'homme, au moyen de son esprit, se trouve capable de sentir tout le poids de la tyrannie et qu'il ne peut pas, avec le secours de ses propres forces ou de celles d'autrui, s'en débarrasser, il doit alors s'éloigner pour toujours du tyran, de ses satellites, de ses infâmes honneurs, de ses charges, de ses vices, de ses flatteries et de sa corruption, du terrain qu'il habite, des murs qui l'entourent et enfin de l'air qu'il respire. Dans cet éloignement sévère et absolu qui ne peut pas être trop exagéré, il faut que l'homme y cherche moins sa propre sûreté que l'estime entière de lui-même et la pureté de sa propre renommée, qui toutes deux finissent par se souiller lorsqu'il approche d'une manière quelconque de l'atmosphère pestilentielle des cours.

L'homme sage, éloigné d'elles, se sentant plus pur, s'estimera plus encore lui-même que s'il était né sous un gouvernement juste et libre, puisqu'il a su s'élever du sein de l'esclavage jusqu'à la liberté. Et si la funeste nécessité ne le forçait pas de gagner sa vie par un travail servile, il doit se livrer aux élans de la gloire, que la perversité des temps n'a pu éteindre dans son cœur ; et puisqu'il ne peut pas obtenir celle d'agir, qu'il cherche avec chaleur et obstination celle de penser, de dire et d'écrire la vérité. Mais comment pourra-t-il penser, parler et écrire sous un gouvernement si monstrueux, dans lequel l'une de ces trois choses devient un délit capital? Il faut penser d'abord pour soi-même; et, pour trouver dans ce juste orgueil une noble compensation à l'humiliation **de la servitude**, s'épancher avec quelques amis éprouvés, dignes d'amitié et d'entendre la vérité, écrire enfin pour exhaler ses sentiments; et, dans le cas où les écrits deviendraient remplis de pensées sublimes, sacrifier tout pour aspirer à la gloire bien louable d'être utile à la société par ses écrits.

L'homme qui vit de cette manière sous la tyrannie, et qui se montre si digne de ne pas y être né, sera méprisé ou haï au suprême degré par ses *cocsclaves*. Il sera méprisé par ceux qui, n'ayant aucune véritable idée de la vertu, croient follement au-dessous d'eux quiconque s'éloigne des grands et du tyran, c'est-à-dire du vice, de la lâcheté et de la corruption. Il sera détesté par ceux qui, ayant malgré eux l'idée du juste et de l'honnête, suivent effrontément, par lâcheté d'âme et par dépravation de mœurs, le chemin du crime ; mais ce mépris d'une espèce d'hommes si méprisable par elle-même sera une preuve convaincante qu'un tel homme est vraiment estimable. La haine de ces êtres si odieux par eux-mêmes sera une preuve indubitable qu'il mérite l'amour et l'estime des bons; ainsi, il ne doit donc faire aucune attention à ce mépris et à cette haine.

Mais si ce mépris et cette haine des esclaves se propageaient jusqu'au tyran, cet homme,

véritablement homme, digne à tous égards de
ce nom, parce qu'il en remplit les devoirs,
pourrait être, sous la tyrannie, livré au mépris
universel; il pourrait être aussi exposé aux
dangers manifestes et inévitables de cette
haine. Mais ce livre n'est pas écrit pour
des lâches : que ceux donc qui, avec une conduite moyenne, entre la lâcheté et la prudence,
ne peuvent vivre en sûreté dans leurs obscures
et paisibles demeures, lorsqu'ils y seront trou-
blés par l'autorité toujours inquiète du tyran,
osent se montrer hardiment tels qu'ils sont;
qu'il leur suffise pour se défendre de pouvoir dire qu'ils n'ont pas cherché les dangers,
mais qu'ils ne doivent, ne peuvent, ne veulent, ni ne savent les fuir quand ils les ont trou-
vés.

CHAPITRE QUATRIÈME

Comment on doit mourir sous la tyrannie.

Quoique la véritable gloire, c'est-à-dire celle
de se rendre par de grandes entreprises utile
à sa patrie et à ses concitoyens, ne puisse
être acquise par celui qui est né et condamné
à vivre sous une tyrannie qui le réduit à une
vie inactive, personne néanmoins ne pourrait
empêcher à celui qui en aurait le brûlant désir,
la gloire de mourir en homme libre, quoique né
sous l'esclavage.

Quoique cette espèce de gloire paraisse ne
pas servir au bien général, elle y contribue

cependant efficacement par l'exemple sublime qu'elle laisse à imiter; et Tacite, cet homme si profond dans la connaissance du cœur humain, la porte au suprême degré, par la rareté des hommes qui l'ont méritée. Il ne manquait en effet, à la mort héroïque de Thraseas, de Sénèque, de Cremutius Cordo et de tant d'autres Romains proscrits par leurs premiers tyrans, qu'une cause plus spontanée pour élever leur vertu jusqu'à celle des Curtius, des Décius et des Régulus; et comme la suprême vertu est de défendre sa patrie et la liberté au péril de sa vie, de même aussi sous la tyrannie enracinée, dont le joug pèse constamment sur la tête, il ne peut pas y avoir de plus grande gloire que celle de mourir généralement pour ne point vivre esclave.

Il faut donc que, sous un gouvernement violent et soupçonneux, le petit nombre d'hommes pensants se conduise avec prudence, tant que cette prudence ne dégénère pas en lâcheté; mais il faut aussi, lorsque la raison et la fortune les y forcent, qu'ils sachent mourir courageusement : c'est ainsi qu'ils illustreront, par une mort libre et glorieuse, les derniers moments d'une vie passée dans l'opprobre et la servitude.

CHAPITRE CINQUIÈME

Jusqu'à quel point on doit supporter la tyrannie.

Il est difficile de fixer jusqu'à quel point on peut supporter l'oppression d'un gouvernement tyrannique. Les outrages n'ayant pas, aux yeux des différents peuples et des différents individus, le même caractère de gravité, néanmoins, devant toujours parler à ceux qui, ne méritant aucun outrage, ressentent très vivement et jusqu'au fond de leur cœur la plus petite des injures, je dois donc dire à ce petit nombre (malheureusement trop petit, car, s'il pouvait devenir la majorité, tout oppresseur public immédiatement cesserait de l'être), je dois donc leur dire qu'ils peuvent supporter que le tyran leur enlève leur fortune et leurs biens, parce qu'aucun bien particulier ne peut entrer en balance avec le bouleversement universel qui pourrait naître d'une vengeance douteuse; car, telle est la perversité de nos jours, que d'une vengeance privée, heureusement accomplie, loin d'en résulter aucun adoucissement permanent aux malheurs publics, elle pourrait encore les accroître. C'est pourquoi, désirant que les bons, même sous la tyrannie, soient autant citoyens qu'ils le peuvent, et voulant toujours qu'ils soient utiles à leurs coesclaves ou au moins qu'ils ne soient jamais cause de leurs malheurs, je ne conseillerais pas aux *bons* de troubler inutilement la *paix* ou plutôt l'engourdissement général, pour se venger de la perte de leurs biens.

Mais aussi je n'oserais jamais conseiller à celui qui porte une figure d'homme de tolérer en paix la mort cruelle et injuste de ses plus chers ou plus proches parents, les offenses non moins atroces qui attaqueraient le véritable honneur. On peut vivre sans bien, parce que personne ne meurt de nécessité, et parce que l'homme accablé par la pauvreté ne doit point paraître plus vil à ses propres yeux, à moins qu'il n'y soit réduit par des vices criminels ; mais on ne doit point survivre à la perte d'une personne tendrement aimée, que le tyran nous arrache par la force et contre les lois de la justice ; on doit beaucoup moins encore survivre à son propre déshonneur. C'est alors que cet homme, devant absolument se dévouer à la mort par l'énormité de l'injure qu'il a reçue, ne doit plus alors conserver d'égards. Quelque chose qu'il puisse arriver, le brave doit mourir vengé : à qui ne craint rien, tout est possible.

Pour preuve unique de ce que j'avance, je n'ajouterai qu'une réflexion ; c'est que toutes les tyrannies qui ont été détruites, et tous les tyrans qui ont été assassinés ou chassés, pour exciter le premier mouvement, il n'y a jamais eu de raison plus forte que les injures exercées par le tyran dans l'honneur, dans les personnes et dans les fortunes. Ce précepte ne m'appartient pas ; il est dans la nature de tous les hommes ; mais cependant je conseillerais à quiconque devrait ou voudrait venger une pareille injure de se livrer seul à l'exécution de cette entreprise, et de mettre entièrement de côté toute pensée de salut, comme vaine, basse et toujours un obstacle à toutes les vengeances magnanimes ; et celui qui ne se sent pas capable d'un tel abandon de soi-même ne doit pas se réputer follement capable ni digne d'exécuter une telle vengeance ; qu'il se persuade d'avoir mérité

'outrage qu'il a reçu, et qu'il le supporte
avec patience. Mais si l'offensé se trouve tout
à la fois doué d'un courage élevé et d'un esprit illuminé ; si de cette vengeance privée,
il ose concevoir et espérer la liberté universelle, c'est alors qu'il doit se livrer tout entier, mais toujours seul, à l'exécution de l'entreprise la plus grande et la plus importante ;
qu'il abandonne toute pensée qui tienne en
quelque chose à sa sûreté personnelle ; qu'il
étouffe ces discours véhéments qu'il ne pourrait, sans un danger grave et inutile, adresser à ses amis pour les engager à conjurer
avec lui ; que tout son feu s'exhale par un
seul coup décisif, secret et bien assuré ; qu'il
laisse ensuite à l'effet qui doit en résulter le
soin d'étendre et de consolider la conjuration ;
qu'il abandonne alors au destin le soin de son
salut. J'expliquerai plus clairement par des
exemples.

Le peuple romain se souleva, et conjura
heureusement contre ses tyrans ; il détruisit
d'un seul coup la tyrannie alors qu'il s'in-
surgea, après tant de flétrissures essuyées
de la part des Tarquins, à la **vue du** spectacle terrible et touchant de Lucrèce violée
par le tyran, et qui se perça de sa propre
main pour éviter le déshonneur. Mais si Lucrèce n'avait pas généreusement accompli sur
elle-même la première vengeance, il est à
présumer que Collatin et Brutus auraient
peut-être, avec incertitude et un péril certain,
inutilement conjuré contre le tyran, parce que
le peuple et la plupart des hommes ne sont
jamais émus au même degré, par les raisons

les plus convaincantes qu'ils le sont par une
vengeance juste et entière, surtout lorsqu'elle
est suivie de quelque spectacle terrible et san-
glant, qui, offert aux yeux, vient à ébranler
fortement les cœurs. Si Lucrèce ne se fût pas
tuée elle-même, Collatin, comme le plus hor-
riblement outragé, aurait donc dû absolument
se sacrifier lui-même, pour punir le tyran
adultère : et s'il avait dû périr dans cette entreprise, il devait laisser à Brutus le soin de
porter, par cet assassinat, le peuple romain
à la vengeance et à la liberté. Mais si ce dernier outrage du tyran n'avait été aussi grave
et aussi public, s'il n'avait pas été précédé de
tant d'autres, et que la délivrance du peuple
romain n'eût pas été mûre, les parents et les
amis de Collatin auraient peut-être conjuré,
mais contre les seuls Tarquins ; au lieu que
Collatin, sans appeler les autres à conjurer
avec lui, aurait pu, sans doute, tuer le tyran,
et se sauver lui-même après ; et, réuni ensuite
à Brutus, ils auraient pu encore rendre Rome
à la liberté.

Il faut donc remarquer dans cet événement
que l'homme gravement offensé par la tyrannie, ne doit jamais d'abord conjurer avec
d'autres, mais tout seul, parce qu'au moins il
assure sa propre vengeance ; et avec le terrible spectacle qu'il apprête à ses concitoyens,
il voit, avec quelque apparence de probabilité,
la vengeance publique prête à éclater à la
voix de celui qui veut et qui sait la diriger. En
conjurant, au contraire, plusieurs ensemble,
pour exercer d'abord la vengeance privée, on
vient souvent à les perdre toutes deux : en

conséquence, l'homme qui se croit capable d'entamer et de conduire à sa fin une grande et généreuse conjuration, dont le but doit être le rétablissement de la véritable liberté politique, ne doit l'entreprendre jamais qu'après plusieurs outrages faits par le tyran à la société, et après quelque terrible vengeance particulière entreprise et heureusement exécutée contre lui par un des plus gravement offensés; et de même celui qui se sent vraiment capable de venger solennellement un outrage personnel dont il est cruellement blessé, ne doit point chercher de compagnons; qu'il marche pleinement et courageusement à la vengeance; qu'il laisse ensuite consommer la conjuration par ceux qui viennent après lui, car si elle réussit, l'honneur lui en appartiendra presque tout entier, lors même qu'il n'existerait plus; et si par hasard cette conjuration, qui a suivi la sienne, ne réussissait point, plus grande serait la gloire qui en résulterait pour lui, plus grand serait l'étonnement des hommes qui verraient sa conjuration particulière arriver au but où elle tendait.

Mais les conjurations, lors même qu'elles réussissent, ont le plus souvent de très funestes conséquences, parce qu'elles se font presque toujours contre le tyran et non contre la tyrannie; d'où il arrive que, pour venger une injure privée, on multiplie sans utilité les malheureux, soit que le tyran échappe aux dangers, soit qu'un autre lui succède : on finit de toute manière par multiplier, par cette vengeance personnelle, les moyens de la tyrannie et les calamités publiques.

L'homme qui a reçu du tyran une injure mortelle dans ses parents les plus chers ou dans son honneur doit se figurer que le tyran l'a condamné à une mort inévitable, et que, dans l'impossibilité où il est de l'éviter, il lui reste cependant la possibilité entière de se venger avant, pour ne pas mourir d'infamie. C'est alors qu'il doit se rappeler que, parmi les maximes de la tyrannie, il y en a une qui n'a jamais été trangressée par les tyrans, c'est qu'ils doivent se venger eux-mêmes de ceux qu'ils ont offensés. Que le premier précepte alors de celui qui en a été le plus grièvement offensé soit de prévenir à tout prix, par une juste vengeance, la vengeance injuste et cruelle qui serait à la fin exercée contre lui.

CHAPITRE SIXIÉME

Si un peuple qui ne sent pas la tyrannie la mérite ou non.

Un peuple qui ne sent pas le poids de l'esclavage est parvenu à un tel degré d'abrutissement, qu'il ne conçoit aucune idée de liberté politique. Cependant, comme la privation totale de sentiment naturel ne provient pas des individus, mais seulement des préjugés qui se sont tellement enracinés dans leur cœur, qu'ils sont parvenus à étouffer jusqu'au plus petit rayon de la raison naturelle, l'humanité exige que l'on déplore une telle erreur, sans abandonner tout à fait ce peuple méprisable et déjà si méprisé. Né dans l'esclavage, de pères et d'aïeuls esclaves, d'où pourrait-il jamais avoir reçu aucune idée de liberté primitive? Cette idée, me dira-t-on, n'est-elle pas naturelle et innée dans le cœur de l'homme? Sans doute, mais combien d'autres choses, non moins naturelles, ne sont-elles pas affaiblies ou effacées entièrement en nous par l'éducation, par l'habitude, ou par la richesse?

Dans la république romaine, où tout Romain naissait citoyen et se croyait libre, il y avait cependant parmi les peuples subjugués quelques esclaves, qui ne pouvaient pas méconnaître leur servitude, puisqu'ils avaient chaque jour, sous leurs yeux, la certitude de la liberté de leurs maîtres. Ils savaient bien qu'ils étaient esclaves, mais ils se croyaient nés pour l'être, et cela, par la raison qu'ils étaient élevés et forcés depuis plusieurs générations à se croire tels. Or, si dans le sein même de la plus éclatante liberté politique qui ait existé sur le globe, ces hommes ignorants et avilis croyaient que la nature les avait dévoués seuls à l'esclavage, doit-on s'étonner si, dans les tyrannies actuelles, où l'on ne prononce pas même le nom de liberté, tous ceux qui y naissent se croient, avec raison, des véritables esclaves, ou, pour mieux dire, ne connaissant aucune liberté, ils ne peuvent pas avoir une idée précise de leur servitude?

Les peuples actuels méritent plus notre compassion que la haine ou le mépris. Ils sont innocemment, par seule ignorance et sans le savoir, les complices du crime de la servitude, de ce crime dont ils supportent la peine la plus grande et la plus terrible. Les hommes pensants doivent courageusement imprimer le sceau du mépris et de l'infamie, ou toute autre marque plus avilissante encore, sur le front de ces hommes qui, n'étant ni ignorants ni tout à fait sans moyens, savent très bien qu'ils sont esclaves sous la tyrannie, et qui cependant trahissent honteusement chaque jour la vérité, leurs devoirs et ceux de la société, pour venir se jeter à l'envi aux pieds du tyran, le flatter, l'honorer, le défendre et tendre une tête soumise à un joug infâme. Et quel est le but de ce pacte affreux, si ce n'est celui de redoubler les liens du peuple malheureux et innocent, auprès duquel, pour parvenir à leurs intentions criminelles ils deviennent, avec une adresse perfide, les ardents propagateurs de toute espèce d'ignorance funeste?

Et, poussant plus loin cette différence très importante qui existe entre la partie des esclaves qui, sous la tyrannie, se fait instrument d'oppression, et cette autre partie qui en devient la victime sans savoir pourquoi, j'ose avancer une assertion qui paraîtra peut-être invraisemblable à plusieurs, mais que je crois cependant fondée sur la vérité. La voici : c'est que de la fidélité même, de l'aveuglement et de la grande opiniâtreté avec lesquels les peuples défendent leur tyran, on peut tirer la juste conséquence qu'ils feraient autant et plus d'efforts pour leur liberté si, dès leur berceau, au lieu du nom de tyran, on leur eût appris à révérer religieusement et comme une chose sacrée le nom de la république.

Le vice donc de la tyrannie comme le plus grand opprobre de l'esclavage ne résident pas dans le peuple, qui, sous tous les gouvernements, est toujours la classe la moins corrompue; mais ce vice et cet opprobre résident entièrement dans ceux qui le trompent. Pour preuve de cela, que l'on observe que, toutes les fois que le tyran sort des bornes de ce système que la stupidité des hommes s'est habituée à supporter, le plus bas peuple est toujours le premier et le plus souvent le seul qui ose témoigner le ressentiment des injures causées par l'abus de la puissance. Ce peuple, cependant, dans sa profonde ignorance, regarde bêtement le tyran presque comme un dieu. Les derniers, au contraire, à ressentir l'offense et à chercher à s'en venger, quoiqu'elle frappe particulièrement sur eux, sont ceux de la classe la plus illustre, les hommes qui approchent de plus près le tyran et qui doivent être cependant convaincus, par des preuves indubitables, qu'il ne mérite pas la qualité d'homme.

C'est pourquoi je conclus que, sous la tyrannie, les hommes qui méritent les chaînes de l'esclavage sont ceux qui ont senti dans leurs cœurs des idées de liberté et qui, au lieu de tenter de la reconquérir par force ou par adresse, en excitant les autres à la reprendre, préfèrent la servitude à la liberté, se glorifient des marques honteuses de leur infamie, et forcent, par tous les moyens qu'ils peuvent employer, le reste de leurs semblables à porter le même joug.

CHAPITRE SEPTIÈME

—

De quelle manière on peut remédier à la tyrannie

La volonté ou l'opinion de tous ou de la majorité maintient seule la tyrannie; la volonté ou l'opinion de tous ou de la majorite peut seule véritablement la détruire. Mais si, dans nos tyrannies, la plupart des hommes n'ont pas d'idée d'un autre gouvernement, comment parvenir à faire germer dans le cœur de tous les hommes, ou au moins de la majorité, ces nouveaux principes de liberté? Je dirai avec douleur qu'il n'y a point de moyen assez prompt ni assez efficace pour produire un effet si heureux, et que, dans les pays où la tyrannie est enracinée depuis plusieurs générations, il faut bien du temps pour que la tardive opinion la détruise.

Et déjà je m'aperçois qu'au moyen de cette fatale vérité, les tyrans de l'Europe me pardonnent tout ce que j'ai pu dire relativement à eux et à leur autorité; mais, pour modérer un peu cette joie, non moins stupide qu'inhumaine, je leur dirai que, quoiqu'il n'y ait pas alors de remèdes prompts et efficaces contre la tyrannie, il en reste un terrible, un rapide et infaillible contre les tyrans.

Ce remède contre le tyran existe dans les
mains du plus obscur individu, tandis que les
moyens les plus prompts, les plus efficaces et
les plus certains restent, qui le croirait? dans
les mains du tyran, et je m'explique. Un esprit fier et libre peut lui seul, dans un instant
et avec certitude, frapper le tyran. Il suffit qu'il
soit outragé particuliérement, ou que les malheurs publics le frappent vivement ; et s'il se
trouvait sous la tyrannie beaucoup de ces
hommes ardents, la multitude changerait bientôt de principes, et ces principes et ce changement, à la fin, remédieraient à la tyrannie.
Mais comme les esprits de cette trempe sont
très rares, surtout sous nos gouvernements
violents, et comme la punition du seul tyran
ne fait, le plus souvent, qu'accroître les forces
de la tyrannie, je suis contraint d'écrire, en
frémissant, une cruelle vérité : c'est que
dans la cruauté même, dans les injustices continuelles, dans les rapines, dans la dépravation atroce des mœurs, est placé le plus court,
le plus efficace et le plus sûr remède contre
la tyrannie. Plus le tyran est coupable et
scélérat, plus il étend manifestement l'abus
de son autorité illégitime et illimitée, plus il
laisse d'espérance que la multitude enfin se ré-
veillera, qu'elle écoutera, entendra et s'enflam-
mera aux accents de la vérité, et qu'alors elle
mettra fin, d'une manière solennelle et pour
toujours, à un gouvernement si déraisonnable
et si féroce. Il faut considérer que très rarement la multitude croit à la possibilité des
maux qu'elle n'a pas longuement éprouvés;
c'est pour cela que les hommes vulgaires

ne regardent pas comme monstrueux le gouvernement tyrannique, jusqu'à ce qu'un ou plusieurs monstres gouvernant successivement, leur en aient donné la preuve funeste et incontestable, par des crimes inouïs. Si jamais un bon citoyen pouvait devenir le ministre d'un tyran et qu'il eût conçu la sublime pensée de sacrifier sa propre vie, et plus encore sa renommée, pour éteindre en peu de temps et sûrement la tyrannie, il n'aurait pas d'autres meilleurs moyens a prendre que de conseiller au tyran à jouir tellement de sa puissance, à seconder et à enflammer tellement sa nature tyrannique, qu'il vienne à s'abandonner aux excès les plus atroces, afin de rendre tout à la fois sa personne et son autorité odieuses et insupportables. Et je dis expressément ces trois paroles, *sa personne, son autorité, odieuses à tous*, parce que tout excès privé du tyran ne nuirait qu'à lui-même ; mais tout excès public, ajouté aux excès particuliers, excitant également la fureur universelle et particulière, nuirait également à la tyrannie et au tyran, et inspirerait peut-être la résolution de détruire entièrement l'un et l'autre. Ces moyens, que je reconnais moi-même pour infâmes et atroces, seraient indubitablement cependant, comme ils l'ont toujours été, les moyens les plus courts et les seuls efficaces pour réussir dans une entreprise aussi difficile et aussi importante. Je frémis en le disant, mais je frémis bien davantage en réfléchissant sur la nature de ces gouvernements dans lesquels, si un homme généreux voulait opérer le bien de tous avec

certitude et précision, il se trouverait réduit à
se rendre lui-même le plus scélérat et le plus
infâme des hommes, ou bien à se désister
d'une entreprise tout à fait impossible. Il arrivera de là qu'on ne trouvera jamais un tel
homme, et qu'on ne doit attendre cet effet rapide de l'abus de la tyrannie que d'un ministre
vraiment scélérat. Cet homme ne voulant perdre que la renommée qu'il n'eut jamais et voulant conserver absolument son autorité usurpée, ses vols et sa vie, permet bien au tyran
de devenir aussi cruel et aussi scélérat qu'il
est nécessaire pour rendre ses sujets très malheureux, mais jamais à cet excès qui serait
nécessaire pour les réduire au désespoir et à la
vengeance. Il arrive de là que, dans ce siècle
si doux, l'art de tyranniser s'est tellement
perfectionné, comme je l'ai démontré dans le
premier livre, il s'appuie sur tant de bases so-
lides et cachées, que, les tyrans ne sortant que
rarement des bornes envers la société entière, et presque jamais envers les individus,
sinon sous le voile apparent de la justice, la tyrannie s'est comme établie sur des bases éter-
nelles.

J'entends déjà crier autour de moi : « Puisque ces tyrannies sont modérées et supporta-
bles, pourquoi les dévoiler et les persécuter
avec tant de chaleur et tant de haine? » Parce
que les injures les plus cruelles ne sont pas
celles qui offensent le plus vivement; parce
qu'on doit mesurer les maux par leur profondeur et par leurs effets plus que par leur force
momentanée; parce qu'enfin celui qui ôte une
once de sang par jour à un homme ne le tue

pas moins sûrement que celui qui l'assassine
d'un seul coup ; il augmente seulement de
beaucoup ses souffrances. Toutes les facultés
de notre esprit sont anéanties, tous les droits
de l'homme arrachés ou mutilés, toutes les volontés magnanimes arrêtées dans leur cours,
ou détournées du sentier de la vérité, et mille
et mille offenses semblables et continuelles,
que je ne développerai point, pour ne pas mériter le nom pompeux *de déclamateur ;* et si la
véritable vie de l'homme consiste dans l'exercice de ses forces intellectuelles et dans les
puissances de son âme, une vie soumise à la
crainte n'est-elle pas une mort perpétuelle ?
Que sert à l'homme qui se sent né pour s'élever aux grandes choses par ses pensées et par
ses actions, la conservation d'une vie matérielle et tremblante ? que lui importent sa fortune et toutes les autres choses qui ne sont
pas assurées, s'il doit perdre, sans avoir l'espérance de les reconquérir jamais, tous, *absolument tous* les plus nobles et véritables dons
de l'âme.

CHAPITRE HUITIÈME

—

Par quel gouvernement il conviendrait de remplacer
la tyrannie.

Déjà j'entends s'élever autour de moi mille et mille objections. Je ne répondrai qu'à celle-ci : « Il est plus facile, me dira-t-on, de blâmer et de détruire, que de rectifier et de créer; que tous ceux qui ne sont pas tout à fait stupides savaient bien auparavant que la tyrannie était un gouvernement vicieux et exécrable par lui-même; qu'il était inutile de démontrer cette vérité aux imbéciles; que l'histoire prouve l'instabilité des gouvernements libres; qu'il est donc entièrement inutile de démontrer qu'on ne doit pas souffrir la tyrannie, si on n'enseigne en même temps des moyens infaillibles pour éterniser la *liberté*. »

Ces objections et autres semblables, dont je pourrais remplir inutilement les pages de ce livre, sont aussi faciles à faire, qu'elles sont difficiles à combattre. Quant à la première, cependant, je répondrai, sans m'y arrêter beaucoup, que je ne crois pas inutile de démontrer à ceux qui ne sont pas tout à fait stupides, non pas que la tyrannie est un gouvernement exécrable et vicieux en lui-même, parce qu'ils disent qu'ils le savent, mais que l'espèce de gouvernement sous lequel ils vivent et qu'ils chérissent, sous le nom de monarchie, n'est autre chose qu'une tyrannie entière et parfaite, accommodée aux temps, non moins insultante et non moins pesante pour les hommes, que toute autre tyrannie ancienne ou asiatique mais fondée beaucoup plus solidement sur une base plus durable, et dès lors plus funeste.

Je devrais répondre d'une manière plus étendue à la seconde objection. Lorsque j'ai démontré quel était le mal, quels en sont les causes, les moyens, et en partie les effets, j'ai certainement dit tacitement quel doit être le bien, qui est immédiatement le contraire du mal. On me demandera peut-être : « Si on parvenait à extirper la tyrannie dans quelque partie importante de l'Europe, comme, par exemple, en Italie, quelle serait la forme de gouvernement que l'on pourrait y introduire pour ne pas retomber, après quelque temps, sous la tyrannie d'un seul ou de plusieurs ? »

Si je devais répondre à cette objection avec la modestie et la conscience de la faiblesse de mes forces, je dirais que, si l'Italie se trouvait dans de telles circonstances, les Italiens qui alors auraient étudié, avec le plus de soin tout ce qui a été découvert depuis Platon jusqu'à nos jours par tant d'hommes célèbres touchant la forme de gouvernement la moins vicieuse, ces Italiens d'alors qui seraient le plus versés dans la science de l'histoire des divers pays et de leur siècle, dans la

connaissance de la nature, du caractère, des
mœurs et des passions des peuples, ces hommes seuls pourront alors, avec prudence,
pourvoir à ce qu'il y aura de mieux à faire,
c'est-à-dire de moins mauvais.

Si je voulais, au contraire, répondre avec
présomption à cette demande, je me verrais
forcé de mettre la main à un autre ouvrage,
que je devrais intituler : DE LA RÉPUBLIQUE,
dans lequel je devrais traiter, avec méthode
et précision, une matière si importante. En
supposant même que j'eusse le talent, les lumières et la science nécessaires pour cette entreprise, il faudrait néanmoins, pour ne pas
me faire donner gratuitement, au premier
abord, le nom de fou, que je protestasse en
tête du livre, qu'il est impossible aux hommes
de rien établir de parfait et d'inaltérable. Et
comment, en effet, établir cette inaltérabilité
dans les choses de cette nature, qui demandent
des efforts de vertu, malgré l'impulsion continuelle de la nature humaine, toujours incli-
née au bien des individus, et dès lors au mal
de tous ou de la majorité, et qui pour cela
diminuent chaque jour et se corrompent elles-
mêmes ? Je serais encore forcé, dans ma préface, d'ajouter que tel système de lois qui
convient à un Etat très souvent ne convient
point à un autre ; que ces lois, qui s'adaptent
très heureusement à l'établissement d'un nou-
vel ordre de choses, n'ont plus assez de force
dans la suite, et finissent par entraver le mouvement de la machine politique ; qu'il faut les
changer selon les modifications qu'éprouvent
les hommes, et les mœurs et les temps ; et qu'en-

fin, il est aussi nécessaire de les changer, qu'il est impossible de prévoir ce moment, et difficile de l'exécuter à temps. Je serais contraint d'exposer d'une manière préparatoire mille autres choses semblables dans la préface de ma *République*, qui, pour avoir été dites avant moi, mieux que je ne le dirais, principalement par le profond Machiavel, deviendraient tout à fait inutiles, et contre l'intention de l'auteur, une démonstration précoce de l'inutilité de ce livre, et quand même cette *théorie de république* serait, aux yeux de tous, sage, raisonnée et convenable aux temps, aux lieux, aux religions, aux opinions et aux mœurs diverses, elle ne serait jamais mise à exécution dans aucun endroit de la terre sans y recevoir d'un sage législateur les nombreux changements et les modifications qui seraient nécessaires pour une société donnée, qui sûrement doit différer en quelque chose des suppositions du législateur idéal. Mais encore, lorsqu'une telle *république écrite* serait adaptée dans son entier à quelque peuple, toute la sagesse humaine ne parviendrait jamais à y établir un gouvernement tel que le hasard, c'est-à-dire un événement imprvéu, n'eût pas la force de pouvoir le rendre mauvais, comme aussi de l'améliorer, de le changer ou de le détruire tout à fait.

On pourrait donc m'accuser d'un fol orgueil, si je me chargeais d'une telle entreprise, lorsque je sais d'avance que, quand je pourrais me flatter de dire des choses neuves, mon livre n'en serait pas moins inutile. Cependant un tel orgueil serait excusable, quoi-

que déplacé, s'il n'avait pas seulement pour
but une sotte gloire littéraire et législative ;
mais s'il n'était simplement que l'expression
vertueuse d'un bon citoyen, comme tel alors,
il ne serait pas tout à fait dépourvu d'utilité.

De tout ce que j'ai jusqu'à présent exposé
à mes lecteurs, il pourrait, si je ne m'abuse,
en résulter ce bien : que si une république naissante pouvait s'élever de nos jours, ou dans
les temps à venir, sur les ruines de quelque
tyrannie renversée, elle devrait prendre garde
à éteindre ou à diminuer, autant qu'il sera
possible, l'influence pestifère des causes nombreuses de la servitude passée, que j'ai discu-
tées amplement dans le premier livre. On peut
croire que cette république naissante parviendrait à obtenir quelque poids et quelque autorité ; et s'il est vrai que j'ai démontré distincte-
ment comment la tyrannie est organisée, j'ai
peut-être indirectement démontré comment on
doit constituer une république : et le premier
de tous les remèdes contre la tyrannie, quoiqu'il soit lent et silencieux, *c'est de la sentir*,
et la majorité absolue ne peut point la sentir
vivement, quoiqu'elle en soit accablée, lorsque
le petit nombre d'hommes forts n'ose pas la
dévoiler tout entière.

Mais autant l'impétuosité, l'audace et, pour
ainsi dire, une indignation sacrée, sont nécessaires pour dévoiler, combattre et détruire la
tyrannie, autant une prudence sans passions
et désintéressée est nécessaire pour rebâtir
sur ces ruines ; d'où il arrive que le même
homme peut difficilement être propre également à ces deux entreprises, si diverses dans

leurs moyens, quoique allant toutes deux au
même but. Et ici, par amour pour la vérité,
je suis obligé de dire en passant que les opinions politiques, comme les opinions religieuses, ne pouvant pas se changer totalement
sans employer beaucoup de violence, tout
nouveau gouvernement est, au commencement de sa marche, souvent forcé à être
cruellement sévère et quelquefois injuste pour
convaincre ou pour contenir par la force ceux
qui ne désirent, n'aiment, ne comprennent ni
ne veulent d'innovations, quoique justes et
salutaires. J'ajouterai que, pour plus grand
malheur, dans les choses humaines, la violence et quelques injustices apparentes sont
quelquefois plus nécessaires pour poser les
bases d'un gouvernement libre sur les ruines
d'un gouvernement tyrannique, que pour élever la tyrannie sur les ruines de la liberté. La
raison en est claire. La tyrannie ne se met à
la place de la liberté qu'avec une force effective et tellement prépondérante, que les me-
naces seules suffisent pour contenir l'universalité; et tandis que d'une main elle fait briller
le fer exterminateur, de l'autre elle répand à
pleines mains cet or qu'elle a arraché avec ce
même fer. Ainsi, après avoir détruit quelques
chefs du peuple, après en avoir corrompu
quelques-uns, qui étaient déjà dépravés et
préparés à l'esclavage, le reste obéit en silence. Mais la naissante liberté, combattue
avec un acharnement cruel par le grand nombre de ceux qui s'engraissaient de la tyrannie, froidement soutenue par le peuple qui, léger par sa nature et pour ne point avoir goûté

la liberté, ne la connaît qu'à peine et n'en sait
pas tout le prix ; l'amour de la naissante liberté, cette flamme divine et incomparable
qui ne brûle dans toute sa grandeur et toute
sa pureté que dans quelques cœurs choisis,
en sort pour aller échauffer les cœurs glacés
de la multitude, et ensuite, par quelque cir-
constance heureuse, parvient à prendre quelque consistance ; et, pour ne pas perdre l'oc-
casion de lui faire jeter de profondes racines,
on se trouve dans la nécessité d'abattre l'orgueil de tant de fauteurs de la tyrannie qui,
ne pouvant plus redevenir citoyens, s'efforcent d'empêcher les autres de chérir et de
respecter la liberté, déplorable nécessité à
laquelle Rome, cette maîtresse heureuse de
tant d'exemples sublimes, eut le bonheur de
n'être presque point sujette; peut-être, par
l'impulsion généreuse vers la liberté qu'elle
reçut du spectacle terrible des fils de Brutus,
condamnés à la mort par leur père, pour cette
liberté qui la rendit plus de trois siècles si
grande et si heureuse.

Retournant maintenant à mon sujet, je conclus et ce chapitre et mon ouvrage, en disant
que, n'y ayant point d'autre remède définitif
que la volonté et l'opinion universelle, et cette
opinion ne pouvant se changer que lentement
et incertainement, par le seul moyen de ceux
qui pensent, sentent, raisonnent et écrivent,
le plus vertueux citoyen, le plus ami des
mœurs, le plus humain, se trouve forcé à désirer, dans son cœur, que les tyrans eux-
mêmes, en passant toutes les bornes raison-
nables, changent promptement cette opinion

universelle et cette volonté ; et si à la première vue un tel désir paraît inhumain, inique et même criminel, que l'on considère que
les changements très importants ne peuvent
avoir lieu parmi les hommes, comme je l'ai
déjà dit, sans des maux et des dangers certains, et que ce n'est qu'au milieu de beaucoup de sang et de larmes, et jamais autrement, que les peuples passent de l'état de
servitude à celui de liberté, et beaucoup plus
que lorsqu'ils passent de la liberté à l'esclavage. Un très bon citoyen peut donc, sans
cesser d'être tel, désirer ardemment ce mal
passager, qui détruit d'un seul coup un nombre infini de maux aussi grands et beaucoup
plus durables, lorsqu'il doit en naître un bien
plus grand et plus permanent ; ce désir enfin
n'a rien en soi de criminel, puisqu'il n'a d'autre but que l'avantage véritable et durable de
tous. Alors il arrive un jour où ce peuple, au-
trefois opprimé et avili, devenu libre, heureux
et puissant, finit par bénir ces massacres, ces
violences, ce sang, par le moyen desquels il
est parvenu, après plusieurs générations d'esclaves et au milieu d'êtres corrompus, à se
créer, enfin, une illustre génération d'hommes
libres, grands et vertueux.

Paris. — Imprimerie Nouvelle (asociation ouvrière), 11, rue Cadet
A. Mangeot, directeur. — 676-93

Prévost. Manon Lescaut... 1
Quinte-Curce. Histoire d'A-
lexandre le Grand........ 3
Rabelais. Œuvres.......... 5
Racine. Esther. Athalie.... 1
— Phèdre. Britannicus..... 1
— Andromaque. Plaideurs. 1
— Iphigénie. Mithridate.... 1
— Bérénice. Bajazet....... 1
Regnard. Voyages.......... 1
— Le Joueur. Folies....... 1
— Le Légataire universel. 1
Roland (Mme) Mémoires.... 4
Rousseau (J.-J) Emile, 4v.;
   Contrat social, 1 v.; De
   l'Inégalité, 1 v.; La Nou-
   velle Héloïse, 5 vol.; Con-
   fessions 5
Saint-Réal. Don Carlos. Con-
   juration contre Venise.. 1
Salluste. Catilina. Jugurtha. 1
Scarron. Roman comique... 3
— Virgile travesti......... 3
Schiller. Les Brigands..... 1
— Guillaume Tell......... 1
Sedaine Philosophe sans le
   savoir. La Gageure...... 1
Sévigné (Mme de).. Lettres
   choisies............... 2
Shakespeare. Hamlet, 1 v.;
   Roméo et Juliette, 1 v.;
   Othello, 1 v.; Macbeth,
   1 v.; Le Roi Lear, 1 v.;
   Le Marchand de Venise,
   1 v.; Joyeuses Commères,

1 v.; Le Songe d'une Nuit
   d'été, 1 v.; La Tempête,
   1 v.; Vie et Mort de Ri-
   chard III, 1 v.; Henri VIII,
   1 v.; Beaucoup de bruit
   pour rien, 1 v.; Jules César 1
Sterne. Voyage sentimental 1
— Tristram Shandy........ 4
Suétone. Douze Césars..... 2
Swift Voyages de Gulliver. 2
Tacite. Mœurs des Germains 1
— Annales de Tibère....... 2
Tasse. Jérusalem délivrée. 2
Tassoni. Seau enlevé...... 2
Tite-Live. Histoire de Rome 2
Vauban. La Dîme royale... 1
Vauvenargues. Choix 1
Virgile. L'Enéide......... 2
— Bucoliques et Géorgiques 1
Volney Les Ruines. La Loi
   naturelle 2
Voltaire Charles XII, 2 v.;
   Siècle de Louis XIV, 4 v.;
   Histoire de Russie, 2 v.;
   Romans, 5 v.; Zaïre, Mé-
   rope. 1 v.; Mahomet, Mort
   de César, 1 v.; La Hen-
   riade, 1 v.; Contes en vers
   et Satires, 1 v.; Traité sur
   la Tolérance, 2 v.; Corres-
   pondance avec le roi de
   Prusse.................. 1
Xénophon. Retraite des Dix
   Mille................... 1
— La Cyropédie........... 2

Le vol. broché, **25** c.; relié, **45** c.; F°, **10** c. en sus par volume.

Nota. — Le colis postal diminue beaucoup les frais de port :
1 colis de 3 kil. peut contenir 38 vol. brochés ou 34 reliés; celui de
5 kil., 65 vol. brochés ou 55 reliés.

*Adresser les demandes affranchies à M. L. PFLUGER, éditeur,
passage Montesquieu, r. Montesquieu, près le Palais-Royal, Paris.*

Dictionnaire de la Langue française usuelle, de 416 pages

Prix, cartonné, 1 fr.; franco, 1 fr. 20.